W0212144

ARTE IN CUCINA

AUF REISEN

Wiebke van der Scheer & Margré Mijer

Aus dem Niederländischen von
Verena Kiefer

GERSTENBERG

ARTACASA
WWW.ARTACASA.NL
kerkstraat 411 • 1017 hx amsterdam
020 6393213 • 06 50612322
artacasa@artacasa.nl

Mehr Kunstwerke unter:
WWW.ARTACASA.NL

INHALT

ARTE IN CUCINA AUF REISEN –
Unterwegs mit ARTACASA

HINWEIS:
Einige Rezepte in diesem Kochbuch enthalten rohe Eier. Bitte verwenden Sie nur garantiert frische Eier, verzehren Sie die Gerichte sofort und bewahren Sie sie nicht auf. Besonders Schwangere und ältere Menschen sollten diesen Hinweis berücksichtigen.

VORWORT

Galerie ARTACASA – Wiebke van der Scheer

ARTE IN CUCINA AUF REISEN – Unterwegs mit ARTACASA

Nach den beiden ersten erfolgreichen Kunstkochbüchern in den Niederlanden sind unsere Bücher jetzt auch im Ausland zu finden. Wer hätte gedacht, dass sie zu einem solchen Erfolg würden? Wir überschreiten Grenzen mit der Galerie ARTACASA ... und sind unterwegs!

Auch das dritte Kunstkochbuch in der Reihe ARTE IN CUCINA ist für Kunst- und Kochliebhaber ein wahres Muss. Kunstwerke »zum Anknabbern« und leckere Rezepte aus allen Ecken der Welt. Wieder ein beglückend schönes Buch.

Ohne die Künstler von ARTACASA gäbe es kein ARTE IN CUCINA AUF REISEN, denn ohne sie gäbe es keine Galerie und keine Kunstkochbücher! Es war ein Fest, mit ihnen unterwegs zu sein und ein Kaleidoskop aus Kunstwerken und internationalen Rezepten zusammenzustellen.

In diesem Kochbuch sind wiederum ein paar meiner Lieblingsrezepte und natürlich hatten auch die Künstler, Freunde, Nachbarn, Familie und Kunden von ARTACASA großen Einfluss auf das Buch. Sie haben Rezepte beigesteuert, Bilder gemalt oder Gerichte probiert – ihr Beitrag und ihr Urteil sind sehr wichtig gewesen.

Mit Magré Mijer, die auch beim dritten Band für die graphische Gestaltung verantwortlich war, teile ich die Liebe für alles Schöne und Leckere. Außerdem sind wir beide Stewardessen und reisen schon seit Jahren um die Welt. So kommen wir mit verschiedenen Kunst- und Esskulturen in Berührung und können zu Recht sagen: wir sind viel unterwegs!

Viel Vergnügen auf dieser kulinarischen Reise mit ARTACASA!

**Die Formate der Bilder in diesem Kochbuch mussten manchmal angepasst werden. Die Originalformate und weitere Kunstwerke finden Sie unter: www.artacasa.nl*

ARTACASA

Kerkstraat 411
1017 HX Amsterdam
artacasa@artacasa.nl
www.artacasa.nl

Öffnungszeiten:
Do/Fr/Sa von 13.00 bis 18.00 Uhr
und nach Vereinbarung

Pommecitron von Lisette

(Apfel-Zitronen-Tarte)

Für 6 Personen – Zubereitungszeit: 25 Min.; Backzeit: 30 Min.

Für ein Backblech (32 x 21 cm)

- etwas Butter für das Blech
- 8 Scheiben Blätterteig (aus dem Kühlregal)
- 4 EL Lemon Curd*
- 3–4 aromatische Äpfel, z.B. Boskoop
- 1 Ei, verquirlt
- 2 EL Kristallzucker
- Puderzucker zum Bestäuben

Den Backofen auf 220 °C (Umluft 200 °C) vorheizen.

Das Backblech leicht einfetten. Den Blätterteig auf dem Blech verteilen und gut andrücken. Dabei einen Zentimeter überstehen lassen und diesen zurückklappen, damit ein dicker hoher Rand entsteht. Den Teig mit einer Gabel mehrmals einstechen.

Lemon Curd auf den Blätterteig geben und verstreichen. Äpfel schälen, vom Kerngehäuse befreien und in Scheiben schneiden. Die Scheiben dachziegelförmig auf das Lemon Curd schichten. Die Tarte sowie vor allem den Rand mit verquirltem Ei bestreichen. Mit Kristallzucker bestreuen und etwa 30 Min. backen, bis die Äpfel schön goldbraun sind.

Die Tarte aus dem Ofen nehmen und den Rand mit Puderzucker bestäuben.

TIPP:
Für schön gebräunte Apfelränder die Tarte erst nach dem Backen mit Kristallzucker bestreuen und den Zucker mit einem Bunsenbrenner bräunen.

** gebrauchsfertige Zitronencreme, im Glas erhältlich, alternativ das Rezept der Zitronenmousse von Seite 26 als Lemon Curd verwenden (dann aber ohne Eiweiß und Sahne!)*

Andrea Letterie: »Happy Tree Lente« (Bunter Frühlingsbaum) – Mischtechnik auf Holz – 80 x 80 cm

2012

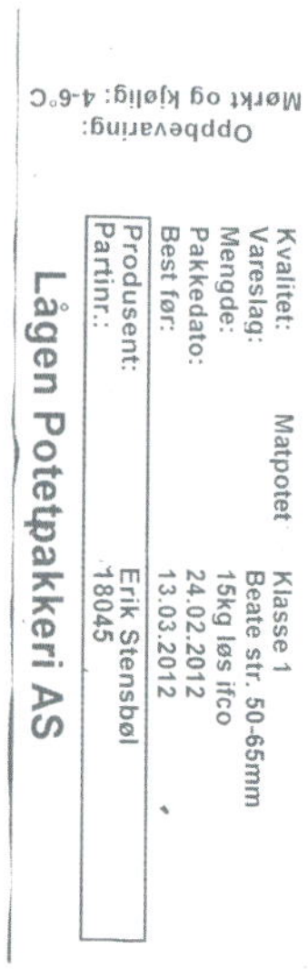

Fiskekaker (Norwegische Fischküchlein)

Für 4 Personen – Zubereitungszeit: 30 Min.

600 g Seelachsfilets*
1 kleine Zwiebel, fein gehackt
50 ml Milch
2 EL Kartoffelstärke
2 EL Petersilie, fein gehackt
3 EL Olivenöl

Die Fischfilets sorgfältig entgräten und grob hacken. In einer Schüssel mit Zwiebel, Milch, Stärke und Petersilie vermengen.

Aus der Masse kleine Fischküchlein formen. Das Olivenöl in einer Pfanne mittelstark erhitzen und die Fischküchlein darin von allen Seiten goldbraun braten.

Grünen Salat und frisches Landbrot dazu reichen. Die Fischküchlein kann man im Voraus zubereiten und einige Stunden später im Backofen erwärmen.

** In Norwegen werden viele Fischküchlein, Fischkuchen, Fischbällchen u. Ä. gegessen. Meist verwendet man hierfür Fischreste. Für diese Fischküchlein eignen sich auch andere Fischsorten.*

TIPP:
Die Fischmasse können Sie nach Belieben zusätzlich mit frisch gehacktem Koriander, Ingwer, frisch gehackten Frühlingszwiebeln oder etwas Chilischote würzen.

Andrea Letterie: »Rode Mul« (Rote Meerbarbe) / »Makreel« (Makrele) – Mischtechnik auf Holz – 15 x 17 x 3 cm / 42 x 60 cm

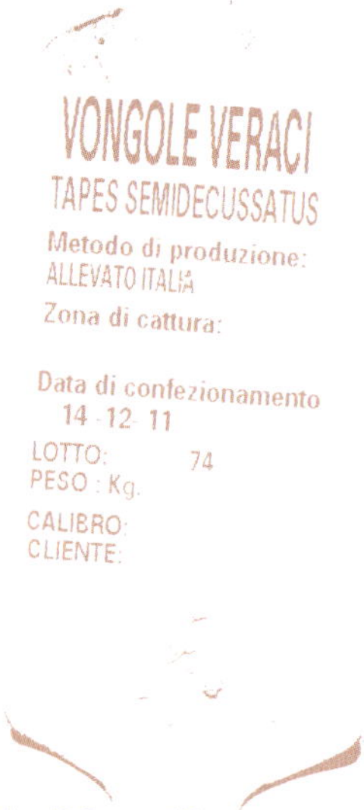

(Spaghetti mit Venusmuscheln)

Spaghetti vongole

Für 4 Personen – Zubereitungszeit: 15 Min.

von Otte

3 Handvoll Petersilie
1 Handvoll Koriandergrün
2 große Knoblauchzehen, geschält
½ rote Chilischote
1–1,5 kg Venusmuscheln
400 g Spaghetti
Salz & Pfeffer aus der Mühle
etwas Olivenöl
200 ml Weißwein

Petersilie, Koriander, Knoblauch und Chilischote fein hacken. Die Muscheln gründlich waschen, bereits geöffnete wegwerfen. Die Spaghetti in reichlich kochendem Salzwasser in ca. 5 Min. bissfest garen. Abgießen, abtropfen lassen, einen kräftigen Schuss Olivenöl unterziehen und mit Pfeffer sowie Salz würzen. Den Weißwein in einer großen Pfanne zum Kochen bringen. Kräuter, Knoblauch, Chili und Muscheln zufügen.

Sobald sich die Schalen der Muscheln geöffnet haben, die Spaghetti untermischen. Alles gut vermengen und noch etwa 2 Min. garen.

TIPP:
Einen trockenen Weißwein dazu servieren, außerdem knuspriges Brot, um den Kochsud aufzutunken.

Hendrik Jan Visser: »Italië« (Italien) – Acryl auf Karton – 20 x 25 cm

Nº 279510

Roquefforttarte

Für 4 Personen – Zubereitungszeit: 20 Min.; Backzeit: 20–30 Min.

ENTRÉE

500 g festkochende Kartoffeln, geschält
etwas Butter für die Form
1 Päckchen Blätterteig (275 g, aus dem Kühlregal)
150 g magerer Speck, fein gewürfelt
1 Zwiebel
3 Schalotten
2 Knoblauchzehen
200 g Champignons
100 g Roquefortkäse, fein gewürfelt
3 Eier
3 EL Petersilie, fein gehackt
Salz & Pfeffer aus der Mühle

Den Backofen auf 180 °C (Umluft 160 °C) vorheizen.

Die Kartoffeln in sehr dünne Scheiben schneiden und mit Küchenpapier trockentupfen. Eine Auflaufform einfetten. Aus dem Blätterteig 2 Teigrechtecke rollen, die etwas größer sind als die Form. Ein Teigrechteck so in die Form legen, dass es etwas überlappt. Speck in einer Pfanne knusprig braten und auf Küchenpapier abtropfen lassen. Zwiebel, Schalotten und Knoblauch schälen, fein hacken und im Speckfett glasig braten. Champignons vierteln und dazu geben. Kurz anschwitzen, aus der Pfanne nehmen und ebenfalls abtropfen lassen. Die Hälfte der Kartoffelscheiben auf dem Teig in der Auflaufform verteilen und mit Pfeffer und Salz würzen. Die Speckwürfel sowie die Zwiebel-Pilz-Mischung darüber geben. Die Füllung mit den Roquefortwürfeln bedecken.

Eier verquirlen und zwei Drittel davon über die Füllung gießen. Mit Petersilie bestreuen. Mit den restlichen Kartoffelscheiben bedecken, pfeffern und salzen. Den überlappenden Teig über die Füllung klappen. Das zweite Teigrechteck darüber drapieren und mit etwas Eigemisch ankleben. Den Deckel mehrmals mit einem Messer einstechen und ebenfalls mit Ei bestreichen. Die Tarte 20 bis 30 Min. backen, bis sie schön goldbraun ist.

TIPP:
Gemischten Salat und trockenen Weißwein dazu reichen.

Hendrik Jan Visser: »Kaas« (Käse) – Öl auf Holz – 15 x 20 cm

visser

Schokoladenküchlein

Für 4 Personen – Zubereitungszeit: 25 Min.; Backzeit: 15–20 Min.

Butter und Zucker für die Formen
150 g Bitterschokolade, grob gehackt
75 g Butter
75 g feiner Zucker
1 EL Vanille-Extrakt
25 g Mehl
1 Prise Salz
2 Eier
Puderzucker zum Bestäuben

Den Backofen auf 180 °C (Umluft 160 °C) vorheizen.

4 Förmchen (8 cm Ø) einfetten und mit Zucker ausstreuen.
Schokolade und Butter in eine hitzebeständige Schüssel geben und im Wasserbad schmelzen. Vom Herd nehmen und kurz abkühlen lassen.
Zuerst Zucker und Vanille unter die Schokoladenmasse rühren, danach Mehl und Salz. Die Eier nacheinander untermengen.
Die Masse auf die Förmchen verteilen, sie sollten zu zwei Dritteln gefüllt sein. Die Schokoladenküchlein etwa 15 Min. backen. Danach noch heiß stürzen.

Die Küchlein mit Puderzucker bestäuben und sofort servieren! Nach Belieben Schlagsahne, Vanilleeiscreme und Himbeeren dazu reichen.

Marie Godest: »L'oeuf« (Das Ei) – Mischtechnik auf Leinwand – 130 x 70 cm

Marie Godest: »Chefs« (Küchenchefs) – Mischtechnik auf Leinwand – 75 x 150 cm

Aprikosen-Mandel-Soufflés – von Juul

Für 4–6 Personen – Zubereitungszeit: 20 Min.; Backzeit: 20 Min.

Für 4–6 hitzebeständige Förmchen (8 cm Ø)

etwas Butter für die Formen
200 g getrocknete Aprikosen
3 große EL Cognac
100 g Mandelblättchen
75 g feiner Zucker
1 Prise Salz
1 EL Mehl
3 Eier (Größe L)
150 g Sahne

Förmchen einfetten. Aprikosen vierteln und mindestens 10 Min. im Cognac einweichen. Es darf auch länger sein! Aprikosen abseihen, dabei den Cognac auffangen.

Den Backofen auf 200 °C (Umluft 180 °C) vorheizen.
2 Esslöffel Mandelblättchen abnehmen. Den Rest zusammen mit Zucker, Salz und Mehl in einem Mixer fein mahlen. Eier, Sahne sowie aufgefangenen Cognac hinzufügen und das Ganze zu einem glatten Teig verrühren.
Die Aprikosen in den Förmchen verteilen und jeweils mit Teig bedecken. Mit den restlichen Mandelblättchen bestreuen. Die Soufflés in etwa 20 Min. goldbraun backen.

Lauwarm servieren. Nach Belieben mit Schlagsahne und frischer Minze garnieren.

TIPP:
Ersetzen Sie die Hälfte der getrockneten Aprikosen durch frische, dann schmecken die Soufflés noch fruchtiger.

Dieses festliche Soufflé probierten wir bei unserer Freundin Juul. Sie hat ein altes Landgut in ein paradiesisches Bed & Breakfast verwandelt: das »Heerlijkheid Loenen«, dort kann man in prachtvollen Zimmern übernachten. Zum Frühstück werden Köstlichkeiten aus dem Garten serviert. Wenn wir bei Juul sind, essen wir meist zu viert in der großen Küche oder bei sommerlichem Wetter auf einer der Terrassen im Garten. Da bekommen wir dann dieses großartige Dessert, das übrigens auch wunderbar zum Tee an einem Sonntagnachmittag schmeckt!
Tourette van Meurs

Tourette van Meurs: »Mukta II (who am I?)« (Mukta II (Wer bin ich?)) – Acryl auf Leinwand – 13,5 x 18,5 cm

Lamm Korma

Für 4 Personen – Zubereitungszeit: 45 Min.

50 g geschälte Mandeln
50 g Cashewnüsse
4 Knoblauchzehen, geschält
2 cm frische Ingwerwurzel
2 rote Chilischoten
1 Handvoll Minzeblätter
175 g Joghurt
200 ml Kokosmilch
1 TL Salz
1 TL Garam Masala (indische Gewürzmischung)
1 TL Zimtpulver
1 TL Kumin
1 TL weißer Pfeffer, gemahlen
1 TL Kurkuma
600 g Lammfleisch aus der Schulter
2 EL Rapsöl
1 große Zwiebel, gehackt
8 schwarze Pfefferkörner
6 Kardamomkapseln
2 Lorbeerblätter
Minze und geröstete Mandelblättchen zum Garnieren

Mandeln, Cashewnüsse, Knoblauch und Ingwer in einer Küchenmaschine zu einer Paste verarbeiten. Chili und Minze fein hacken. Joghurt und Kokosmilch in eine Schüssel geben. Mandelpaste, Chili, Minze, Salz sowie alle Gewürze untermischen.
Fleisch in 2 x 2 cm große Würfel schneiden. Das Öl in einer großen Pfanne erhitzen und Zwiebel, Pfefferkörner sowie Kardamom darin braten, bis die Zwiebel weich und leicht gebräunt ist. Lammwürfel hinzugeben und bei starker Hitze in etwa 2 Min. rundum anbräunen.
Die Temperatur reduzieren und die Joghurtmischung sowie den Lorbeer zum Fleisch geben. Etwa 15 Min. zugedeckt sanft köcheln lassen, bis das Fleisch gar ist. Ab und zu umrühren. Eventuell etwas Wasser zufügen. Pfefferkörner, Kardamomkapseln und Lorbeerblätter entfernen. Das Korma mit frischer Minze und gerösteten Mandelblättchen garnieren. Reis mit Erbsen dazu reichen.

TIPP:
Korma bezeichnet ein indisches Gericht, dessen Sauce aus Joghurt, Kokosmilch und vielen Gewürzen besteht. Anstelle von Lammfleisch können Sie auch Hühnerfilets verwenden.

Maria de Groot: »Indian summer 3« (Altweibersommer 3) – Mischtechnik auf Leinwand – 70 x 70 cm

Kürbissalat mit Rucola und roter Meerbarbe

Für 4 Personen – Zubereitungszeit: 15 Min.;
Backzeit: 20 Min.

1 Butterkürbis
1 Knoblauchzehe, fein gehackt
Salz & Pfeffer aus der Mühle
Olivenöl
1 Bund Rucola
1 EL Sesamsamen
2 Frühlingszwiebeln
Butter zum Braten
4 rote Meerbarbenfilets (à ca. 150 g)

Für das Dressing:
5 EL Olivenöl
3 EL Balsamico
1 EL Sojasauce
1 TL Honig

Den Backofen auf 200 °C (Umluft 180 °C) vorheizen.

Butterkürbis halbieren und die Kerne mit einem Teelöffel entfernen. Fruchtfleisch schälen und fein würfeln. Gemeinsam mit Knoblauch in eine Auflaufform geben. Salzen, pfeffern und mit Olivenöl beträufeln. Die Form etwa 20 Min. in den Backofen stellen, bis der Kürbis gar ist, aber noch Biss hat. Beiseite stellen.

Olivenöl, Balsamico, Sojasauce und Honig zu einem Dressing verrühren. Rucola waschen, trocken schleudern und grob hacken. Sesam in einer Pfanne ohne Fettzugabe rösten, Frühlingszwiebeln waschen und das Grüne in Röllchen schneiden. Das Weiße anderweitig verwenden.

Butter in einer großen Pfanne erhitzen und die Meerbarbenfilets darin pro Seite etwa 3 Min. garen. Mit Pfeffer und Salz würzen.

Kürbis auf 4 Teller verteilen. Jeweils mit Rucola, Sesamsamen sowie Frühlingszwiebeln bestreuen und mit Dressing beträufeln. Je 1 Fischfilet dazulegen.

Astrid Trügg: »Red mullets« (Rote Meerbarben) – Mischtechnik auf Holz – 40 x 40 cm

numéro 15
MÉAULLE, NAVELLIER et

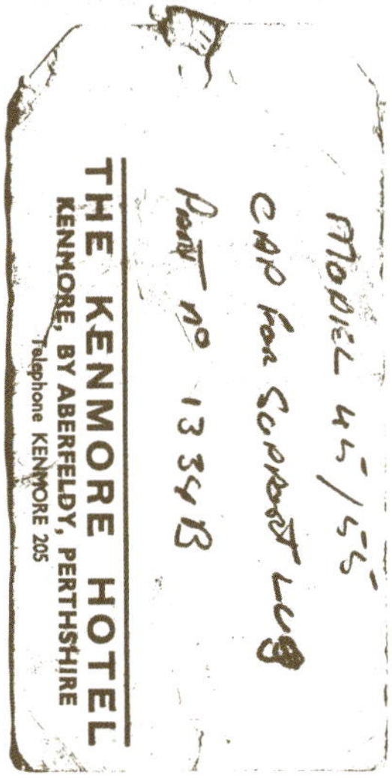

mit Meerrettichbutter

Makrelenpaste

Für 4 Personen – Zubereitungszeit: 15 Min.; Kühlzeit: 1 Std.

Für die Paste:
- 250 g geräucherte Makrelenfilets
- 2 EL Olivenöl
- abgeriebene Schale von ½ unbehandelten Zitrone
- Pfeffer aus der Mühle
- 1 Frühlingszwiebel, in feinen Röllchen

Für die Meerrettichbutter:
- 2 EL Butter
- 1 EL frisch geriebener Meerrettich
- 2 EL Petersilie, fein gehackt

Für die Paste die Makrelenfilets entgräten, dann mit Olivenöl, Zitronenschale und etwas Pfeffer im Mixer zu einer glatten Masse pürieren. Die Hälfte der Frühlingszwiebelröllchen untermischen. Die Paste in Puddingschälchen oder hübsche Dessertgläser füllen und für 1 Std. kühl stellen.

Für die Meerrettichbutter Butter zerlassen und mit Meerrettich sowie Petersilie vermengen. Die Mischung auf die Makrelenpaste geben. Etwas Pfeffer aus der Mühle darüber mahlen und mit den restlichen Frühlingszwiebelröllchen garnieren. Knuspriges Baguette dazu reichen.

Wir lagen auf einem kleinen Pier aus Holz und sonnten uns, als plötzlich Fischköpfe um uns herumflogen. Unter uns auf dem Strand stand ein Angler und putzte seine frisch gefangene Beute.
Als er uns sah, begann er zu lachen und gab uns als nette Geste ein paar von seinen Makrelen mit.
Astrid Trügg

Astrid Trügg: »Blue jug and Fishbowl« (Blauer Krug und Schale mit Fisch) – Öl auf Holz – 50 x 35 cm

Vous qui sou
POUR VOS ETRENN
ourna
LE LIEUTENANT

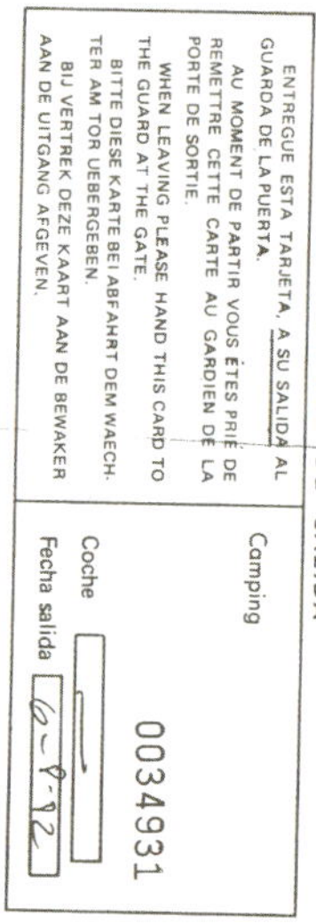

Zitronenmousse

Für 4 Personen – Zubereitungszeit: 30 Min.; Kühlzeit: 3 Std.

Für die Mousse:
- 3 bis 4 unbehandelte Zitronen
- 2 Eier (Größe M)
- 110 g brauner Rohrzucker
- 15 g Mehl
- 200 g Sahne

Für die Meringue:
- 2 Eiweiß
- 50 g feiner Zucker

Eine Zitrone heiß waschen, abtrocknen und die Schale fein abreiben. Alle Zitronen auspressen, für die Mousse werden etwa 125 ml Saft benötigt. Eier trennen. Die Eigelbe gemeinsam mit dem Zucker schaumig schlagen. So lange rühren, bis die Masse fast weiß ist. Zitronensaft sowie -schale unterrühren. Zum Schluss das Mehl hinzufügen. Das Ganze gut verquirlen und bei niedriger Hitze erwärmen. Weiterrühren, bis die Mischung bindet, danach abkühlen lassen.
Eiweiß und Sahne in getrennten Schüsseln steif schlagen. Zuerst die Sahne, dann den Eischnee vorsichtig unter die Eigelb-Zitronen-Masse heben. Die Mousse in Schälchen füllen und für mindestens 3 Std. kühl stellen.

Kurz vor dem Servieren den Backofengrill vorheizen. Für die Meringue die Eiweiße steif schlagen, dabei den Zucker nach und nach zugeben. Der Eischnee sollte sehr fest sein und Spitzen ziehen. Auf jede Portion Zitronenmousse eine Schicht Eischnee geben. Die Schälchen kurz unter den Grill stellen, bis der Eischnee leicht bräunlich ist. Die Mousse sofort servieren.

TIPP:

Wenn Sie die Mousse etwas milder mögen, können Sie einen Teil des Zitronensafts durch Orangen- oder Mandarinensaft ersetzen.

Als wir morgens wach wurden, stießen wir die Fensterläden auf. Unser Hotel stand mitten in einem Zitronenhain. Überall hingen Zitronen. Wunderbare, gelbe Zitronen!
Astrid Trügg

Astrid Trügg: »One and a half lemon« (Anderthalb Zitronen) – Mischtechnik auf Holz – 20 x 20 cm

Mulligatawny-Suppe – von Berber

Für 4 Personen – Zubereitungszeit: 45 Min.

1 Zwiebel
2 Karotten
2 Stangen Staudensellerie
2 kleine Äpfel
200 g geräuchertes Hähnchenfilet
1 kleine Chilischote
40 g Butter
15 g Mehl
1 l Hühnerbrühe
400 g Tomatenwürfel (aus der Dose)
1 TL Currypulver
1 Prise frisch geriebene Muskatnuss
Salz & Pfeffer aus der Mühle
2 EL fein gehackte Petersilie zum Garnieren

Zwiebel, Karotten, Sellerie sowie Äpfel schälen und fein würfeln. Hähnchenfilet in große, Chilischote in kleine Stücke schneiden. Butter in einem großen Topf erhitzen und die Zwiebel darin glasig dünsten. Karotten, Chili, Sellerie, Äpfel und Hühnerfleisch zufügen.
Das Ganze etwa 10 Min. schmoren, bis das Gemüse weich ist. Unter Rühren Mehl, Hühnerbrühe und Tomatenwürfel hinzugeben. Gut durchrühren und mit Curry, Muskat, Pfeffer und Salz würzen. Die Suppe zugedeckt 20 bis 30 Min. bei niedriger Hitze köcheln lassen.

Mit Petersilie garnieren und heiß servieren. Frisches Fladenbrot dazu reichen.

TIPP:
Noch intensiver schmeckt die Suppe, wenn Sie gemeinsam mit den anderen Gewürzen 1 Teelöffel Currypaste (in Asienläden erhältlich) zufügen.

Berber Boom: »De soep is klaar!« (Die Suppe ist fertig!) – Pastell auf Papier – 35 x 30 cm

Preiselbeerkompott

Als Beilage für 4 Personen – Zubereitungszeit: 40 Min.

1 Orange
1 säuerlicher Apfel
1 Birne
200 g Trockenfrüchte
250 g frische Preiselbeeren
1 TL Zimtpulver
1 Prise frisch geriebene Muskatnuss
1 Prise Salz
Zucker nach Geschmack
75 g Walnüsse, fein gehackt
75 g Pekannüsse, fein gehackt

Orange schälen, von der weißen Haut befreien, in Spalten teilen und diese halbieren. Apfel und Birne schälen, vom Kerngehäuse befreien und in grobe Stücke schneiden. Trockenfrüchte vierteln. 250 ml Wasser in einem Topf zum Kochen bringen. Preiselbeeren hinzugeben und aufkochen. Alle übrigen Zutaten – bis auf die Nüsse – zufügen und das Ganze 30 Min. offen köcheln lassen. 10 Min. vor Garende die Nüsse untermengen.
Das Kompott lauwarm oder kalt servieren.

TIPP:
Köstlich zu rotem Fleisch oder Schmorfleisch, aber auch fein zu Sahnequark.

Berber Boom: »De Holland« (Die Holland) – Pastell auf Papier – 40 x 33 cm

EETCAFE DE FOEP
Westerdorpsstraat 56a
Hoevelaken
TEL.(033)2537189

BON	1
2 tarte tatin	35,80
2 glas huiswijn rood	7,40
1 cappuccino	2,30
1 espresso	2,10
Totaal	47,60
Btw laag	2,27
BTW HOOG	1,18

N000723 R01
DON 8 Dec 2011
EETCAFE DE FOEP
HUISKAMER VAN HOEVELAKEN
www.defoep.nl

Tarte Tatin mit Brie de Meaux

Für 2 Personen – Zubereitungszeit: 45 Min.

Für eine Tarte-Tatin-Form (30 cm Ø)

- 1 Packung Blätterteig (275 g, aus dem Kühlregal)
- 200 g Brie de Meaux*
- 500 g Lauch
- 2 Schalotten
- 2 feste Äpfel
- Saft von ½ Zitrone
- 2 EL Olivenöl
- 1 TL getrockneter Thymian
- Salz & Pfeffer aus der Mühle
- 25 g Kristallzucker
- 30 g Butter
- 50 g Walnusskerne, gehackt

Den Backofen auf 180 °C (Umluft 160 °C) vorheizen.

Den Blätterteig auf das Format der Tarte-Tatin-Form** ausrollen. Den Teig mehrmals mit einer Gabel einstechen.
Den Brie in 2 cm dicke Scheiben schneiden. Lauch putzen, gründlich waschen und in grobe Ringe schneiden. Schalotten schälen und fein hacken. Äpfel schälen, vom Kerngehäuse befreien und in Scheiben schneiden. Apfelscheiben mit Zitronensaft beträufeln, damit sie sich nicht verfärben. Das Öl in einer Pfanne erhitzen, Schalotten und Lauch darin glasig dünsten. Thymian hinzugeben, mit Pfeffer und Salz würzen. Vom Herd nehmen und in einem Sieb abtropfen lassen.
Zucker und Butter in die Tarte-Tatin-Form geben und bei mittlerer Hitze karamellisieren lassen. Die Apfelscheiben hinzufügen und im Karamell wenden. Die Form vom Herd nehmen. Brie, Walnüsse und zuletzt den Lauch hineinschichten. Die Teigplatte wie einen Deckel über die Form legen und an den Rändern gut festdrücken. Die Tarte etwa 25 Min. backen. Aus dem Ofen nehmen und mit Hilfe eines Tellers stürzen.

** Im Gegensatz zum »normalen« Brie, dessen Herkunft nicht geschützt ist, darf der Brie de Meaux nur aus einem festgelegten Gebiet in der Île de France bei Paris kommen.*
*** Eine Tarte-Tatin-Form ähnelt einer Pfanne, sie kann sowohl auf dem Herd als auch im Ofen benutzt werden.*

Fanny van Raaijen: »Brie de Meaux 1« – Acryl auf Brie de Meaux-Schachtel – 30 cm Durchmesser

Dieses Rezept stammt von Chefkoch Michel de Kreek vom *Café de Foep* – www.defoep.nl

HÔTEL CAVALLETTO E DOGE ORSEOLO

VENEZIA S. MARCO

25239
24812
31331

Dir. Cav. A. ARBAN

CHIUSURA CONTO FUORI ORARIO SEGRETERIA

Conto Albergo L.

Servizio 15 % »

Tassa soggiorno »

I. G. E. . . . »

Bollo . . . . »

TOTALE L.

Involtini mit Trüffel-Pommes

Für 4 Personen – Zubereitungszeit: 40 Min. – von Pieter

Für die Trüffel-Pommes:
- 1 kg festkochende Kartoffeln
- 1 EL Olivenöl
- Salz & Pfeffer aus der Mühle
- 1 Schuss Trüffelöl
- 50 g frisch geriebener Parmesan
- 2 EL fein gehackte Petersilie

Für die Füllung:
- 4 EL Olivenöl
- 2 EL fein gehackte Petersilie
- 50 g Pinienkerne
- 50 g Rosinen
- 50 g frisch gehobelter Parmesan

Für das Fleisch:
- 4 Kalbsschnitzel (schön flachgeklopft vom Metzger)
- 4 dünne Scheiben Parmaschinken
- 100 ml Weißwein

Den Backofen auf 180 °C (Umluft 160 °C) vorheizen.

Kartoffeln schälen, waschen und längs in nicht zu dicke Stücke schneiden. Auf ein Backblech legen, mit Olivenöl beträufeln und mit Salz sowie Pfeffer bestreuen. Für 20 Min. in den Backofen geben und nach der Hälfte der Backzeit einmal wenden. Die Kartoffeln nochmals 5 bis 10 Min. mit der Grillfunktion des Backofens garen. Nach der Hälfte der Garzeit ebenfalls einmal wenden.

Während die Pommes garen, 2 Esslöffel Olivenöl mit den übrigen Zutaten für die Füllung in einer Schüssel vermischen. Die Kalbsschnitzel mit je einer Scheibe Parmaschinken belegen und etwas Füllung darauf verteilen. Die Schnitzel aufrollen und mit Zahnstochern oder Küchengarn fixieren. Mit Salz und Pfeffer würzen. Restliches Olivenöl in einer Pfanne mittelstark erhitzen und die Involtini darin in etwa 10 Min. rundum goldbraun braten. Mit dem Weißwein ablöschen und diesen vollständig einkochen lassen. Die Pommes aus dem Ofen nehmen, etwas Trüffelöl, Parmesan und Petersilie darüber geben. Sofort gemeinsam mit den Involtini servieren.

Fanny van Raaijen: »Serie 9, Koe 4« (Serie 9, Kuh 4) – Acryl auf altem Holz – 55 x 55 cm

Argentinische Empanadas

Für 8 Stück – Zubereitungszeit: 1 Std.;
Backzeit: 30 Min.

Für den Teig:
400 g Mehl
100 g Butter
100 g Schweine- oder Butterschmalz
½ TL Salz
125 ml eiskaltes Wasser

Für die Füllung:
500 g Rindfleisch aus dem Nacken
2 Zwiebeln
4 Schalotten
1 Kartoffel
1 rote Paprikaschote
1–2 Chilischoten
2 EL Olivenöl
Salz & Pfeffer aus der Mühle
3 Eier
60 g Rosinen

Alle Zutaten für den Teig sollten gut gekühlt sein. Das Mehl in eine Schüssel sieben. Butter, Schmalz und Salz zugeben. Das Ganze mit kalten Händen zu feinen Krümeln verkneten. Nach und nach das eiskalte Wasser hinzugeben und den Teig mit einem Messer hacken, bis er sich vom Rand löst. Zur Kugel formen, in Klarsichtfolie hüllen und gute 30 Min. kühl stellen.

Den Backofen auf 250 °C (Umluft 230 °C) vorheizen. Rindfleisch fein würfeln. Zwiebeln, Schalotten und Kartoffel schälen und ebenfalls fein würfeln. Paprikaschote und Chili putzen, waschen und in kleine Stücke schneiden. Olivenöl in einer Pfanne erhitzen und Zwiebeln sowie Schalotten darin anschwitzen. Nach 3 Min. Kartoffel und Fleisch hinzugeben und 10 Min. bei mittlerer Hitze braten. Chili und Paprika hinzugeben, mit Salz und Pfeffer würzen. Vom Herd nehmen und abkühlen lassen. 2 Eier hart kochen, grob würfeln und gemeinsam mit den Rosinen unter die abgekühlte Fleischmischung heben. Den Teig aus dem Kühlschrank nehmen und in 8 Portionen teilen. Auf einer mit Mehl bestreuten Arbeitsplatte aus jeder Portion einen ca. 3 mm dicken Kreis mit etwa 12 cm Durchmesser ausrollen. Restliches Ei verquirlen. Auf jeden Teigkreis einen großen Löffel Fleischfüllung geben und diese leicht flachdrücken. Den Kreisrand mit Ei bestreichen und das Ganze zu einem Halbmond zusammenklappen. Den Rand mit Daumen und Zeigefinger zusammendrücken. Auf diese Weise 8 Empanadas herstellen. Deren Oberfläche mit Ei bestreichen. Die Teigtaschen 20 Min. backen. Nochmals mit Ei bestreichen und weitere 10 Min. backen. Vor dem Verzehr kurz abkühlen lassen!

Fanny van Raaijen: »2 Koeien op een oud Luik« (2 Kühe auf einem alten Fensterladen) – Acryl auf altem Holz – 110 x 90 cm

TIPP:

Hühnerfleisch, Petersilie, Zwiebeln und schwarze Oliven sind auch eine leckere Kombination. Wenn man Empanadas mit unterschiedlicher Füllung eine andere Form gibt, kann man sie leicht auseinanderhalten.

Linsensalat mit Matjes und Macadamianüssen

Für 2 Personen – Zubereitungszeit: 20 Min.

- 160 g Puy-Linsen
- 250 g Matjesfilets (Salzheringe)
- 30 g geschälte, ungesalzene Macadamianüsse
- 1 mittelgroße Gewürzgurke (aus dem Glas)
- 2 EL fein gehackte Petersilie
- Saft von ½ Zitrone
- Olivenöl
- Salz & Pfeffer aus der Mühle

optional:
- 2 Lachsfilets à ca. 150 g

Die Puy-Linsen in einem Sieb waschen, in reichlich Wasser 7 bis 10 Min. garen, abgießen und abtropfen lassen. In eine Schüssel geben und mit Salz sowie Pfeffer würzen.
Matjesfilets, Nüsse und Gewürzgurke in sehr kleine Stücke schneiden und gemeinsam mit der Petersilie unter die Linsen mischen. Mit einem Schuss Olivenöl und dem Zitronensaft beträufeln. Den Salat eventuell noch mit Salz und Pfeffer abschmecken.
Etwas Olivenöl in einer Pfanne erhitzen und die Lachsfilets mit der Hautseite nach unten etwa 5 Min. anbraten. Salzen, pfeffern, wenden und die andere Seite noch 2 Min. braten. Die Lachsfilets nicht in der Pfanne bewegen – sobald sie gar sind lösen sie sich von alleine.

Den Linsensalat mit oder ohne Lachsfilets als Hauptgericht oder halbiert als Vorspeise servieren.

Els Maasson: »Maatjes« (Matjesheringe) – Linoldruck – 20 x 20 cm

Maatjes

Gefüllte Schweinefilets mit Cognacsauce

Für 4 Personen – Zubereitungszeit: 50 Min.

4 Schweinefilets à ca. 200 g
Salz & Pfeffer aus der Mühle
3 EL Olivenöl
200 ml Apfelsaft

Für die Füllung:
100 g Ziegenweichkäse, gewürfelt
100 g Trockenfrüchte*, gewürfelt
½ TL Zimtpulver
½ TL schwarzer, gemahlener Pfeffer

Für die Sauce:
2 Schalotten, fein gehackt
40 ml Cognac
100 ml Cidre
100 ml Geflügelfond (aus dem Glas)
½ TL Zimtpulver
1 Prise frisch geriebene Muskatnuss
1 EL brauner Zucker
30 g kalte Butter

Den Backofen auf 180 °C (Umluft 160 °C) vorheizen.

Alle Zutaten für die Füllung in einer Schüssel vermischen. Die Schweinefilets an einer Seite etwa 1 cm vom Rand entfernt mit einem scharfen Messer längs einschneiden. Vorgang so lange wiederholen, bis jedes Filet eine flache Scheibe wird. Diese salzen, pfeffern und mit Füllung versehen. Vorsichtig aufrollen und mit Küchengarn fixieren. 2 Esslöffel Olivenöl in einer Pfanne kräftig erhitzen. Die Schweinefilets darin rundum goldbraun braten. Dann in eine Auflaufform legen, Apfelsaft angießen und die Form mit Alufolie abdecken. Das Fleisch 15 bis 20 Min. im Ofen garen.

Inzwischen für die Sauce restliches Olivenöl erhitzen und die Schalotten darin anschwitzen. Mit einem Schuss Cognac ablöschen und den Alkohol fast verkochen lassen. Noch einmal mit Cognac ablöschen. Cidre, Geflügelfond, Gewürze und Zucker einrühren. Die Sauce 15 Min. offen köcheln lassen. Dann vom Herd nehmen und die Butter in Stücken mit einem Schneebesen unterarbeiten.

Die Schweinefilets vom Küchengarn befreien und in Medaillons schneiden. Mit Sauce überziehen und sofort servieren. Selbst gemachtes Kartoffelpüree und gedünsteten Rosenkohl dazu reichen.

** Rosinen, Aprikosen, Feigen oder Pflaumen*

Diederik Grootjans: »Fiets« (Fahrrad) – Öl auf Holz – 20 x 20 cm

Weiße Schokoladentorte

Für 6–8 Personen – Zubereitungszeit: 20 Min.; Kühlzeit: 3 Std.

Für eine Springform
(21 cm Ø)

175 g Oreo-Kekse*
50 g Butter
200 g Himbeeren
500 g weiße Schokolade
250 g Sahne
250 g Magerquark
250 g Mascarpone

Die Kekse in einer Küchenmaschine fein mahlen oder in einen Plastikbeutel geben und mit einem Fleischklopfer zu feinen Krümeln verarbeiten. Die Butter schmelzen.
Eine Springform mit Backpapier auslegen. Die Butter unter die Kekskrümel heben und die Masse auf den Boden der Form drücken. Die Himbeeren auf den Tortenboden legen.

Weiße Schokolade im Wasserbad schmelzen. Sahne, Quark sowie Mascarpone zufügen und das Ganze zu einer glatten Masse verrühren. Die Mischung auf den Himbeeren verteilen. Die Torte für mindestens 3 Std. in den Kühlschrank stellen.

** Oreo-Kekse sind amerikanische Doppelkekse, die mit Vanillecreme gefüllt sind. Die Kekse schmecken schokoladig-herb, die Füllung sehr süß. Sie sind in gut sortierten Supermärkten erhältlich. Ersatzweise können Sie Schokoladenkekse mit hohem Kakaoanteil verwenden.*

Marijke Janssen: »Ijskonijn« (Eiskaninchen) – Keramik – 35 cm

Kaninchen mit sehr viel Knoblauch und Petersilie

Für 4 Personen – Zubereitungszeit: 25 Min.; Garzeit: 2,5 Std.

- 1 küchenfertiges Kaninchen oder 4 Kaninchenkeulen à ca. 180 g
- Salz & Pfeffer aus der Mühle
- 2–3 Knollen junger Knoblauch
- 1 Bund Petersilie
- 3 EL Olivenöl
- Saft von 1 Zitrone

Den Backofen auf 180 °C (Umluft 160 °C) vorheizen.

Das Kaninchen waschen, trocken tupfen und in 8 gleich große Stücke zerteilen. Keulen ganz belassen. Das Fleisch kräftig salzen und pfeffern.
Knoblauchknollen schälen und in einzelne Zehen teilen. Petersilie waschen, trocken schleudern und fein hacken. Olivenöl in einem feuerfesten, verschließbaren Topf erhitzen und die Kaninchenteile darin portionsweise goldbraun anbraten. Knoblauch, Zitronensaft und Petersilie zufügen. Ein Geschirrtuch über den Topf legen und diesen mit dem Deckel verschließen. Das Geschirrtuch sorgt dafür, dass keine Flüssigkeit entweicht.
Den Topf in den Backofen stellen und das Kaninchen etwa 2,5 Std. garen.

Danach sofort gemeinsam mit selbst gemachtem Püree und nach Belieben mit dem Sommergemüse von Seite 146 servieren.

Marijke Janssen: »Smelling« (Schnuppern) – Ton, Papier und Kunststoff – 60 cm

Tartiflette (Kartoffelauflauf)

Für 4 Personen – Zubereitungszeit: 15 Min.; Garzeit: 30 Min.

1,5 kg festkochende Kartoffeln
Salz
6 rote Zwiebeln
2 EL Olivenöl
300 g Sahne
1 Prise frisch geriebene Muskatnuss
Pfeffer aus der Mühle
2 Stück Reblochon-Käse* (ca. 400 g)

Den Backofen auf 180 °C (Umluft 160 °C) vorheizen.

Kartoffeln schälen, in etwa 2 x 2 cm große Würfel schneiden und in reichlich Salzwasser bissfest kochen. Abgießen und abtropfen lassen. Zwiebeln schälen, in Ringe schneiden und im Olivenöl glasig dünsten.
Kartoffelwürfel in eine Auflaufform schichten, Zwiebelringe darauf verteilen und das Ganze mit Sahne übergießen. Mit Salz, Pfeffer und Muskat würzen.

Die Reblochon-Käse mitsamt Rinde quer halbieren und die Hälften mit der Rinde nach oben auf die Zwiebelmischung legen. Das Gericht 25 Min. im Backofen garen. Die Rinde vom Käse entfernen und den Auflauf weitere 5 Min. in den Ofen stellen. Die Rinde ist übrigens köstlich, wenn man sie so isst!
Gemischten Salat und einen kräftigen Rotwein dazu reichen.

** Reblochon ist ein aromatischer, halbfester Schnittkäse aus der Haute Savoie. Ersatzweise können Sie auch 2 Stück Rougette-Landkäse (à 180 g) verwenden.*

Marijke Janssen: »Weight watcher« (Gewichtsbeobachter) – Keramik – 60 cm

Bakalar na mornarski (Kabeljautopf

Für 2 Personen – Zubereitungszeit: 30 Min.

500 g festkochende Kartoffeln
4 EL kalt gepresstes Olivenöl
4 Knoblauchzehen, in Scheibchen
1 Lorbeerblatt
100 ml trockener Weißwein
500 ml Fischfond (aus dem Glas)
450 g Kabeljaufilets*
Salz & Pfeffer aus der Mühle
2 EL fein gehackte Petersilie
Saft von ½ Zitrone
etwas Butter

Kartoffeln schälen und in 0,5 cm dicke Scheiben schneiden. Olivenöl in einer großen Pfanne erhitzen und den Knoblauch kurz darin anbraten. Kartoffelscheiben sowie Lorbeer zufügen und gut durchrütteln. Mit Weißwein ablöschen und diesen 1 Min. kochen lassen. Dann den Fond angießen. Kabeljaufilets auf die Kartoffeln legen.
Die Pfanne mit einem Deckel verschließen und das Ganze bei mittlerer Hitze etwa 20 Min. garen, bis die Kartoffeln weich sind. Den Auflauf mit Salz und Pfeffer würzen und noch ein paar Min. offen schmoren lassen.
Die Kabeljaufilets auf 2 vorgewärmte Teller legen. Petersilie, Zitronensaft sowie Butter rasch unter die Kartoffeln heben und diese auf die Teller verteilen.
Frisches Brot dazu reichen, damit man die Sauce dippen kann sowie einen grünen Salat.

Dobar tek! (»Guten Appetit« auf Kroatisch)

** Oder einen anderen schönen frischen Weißfisch.*

Koos ten Kate: »Kokkie« (Kleiner Koch) – Öl auf Holz – 25 x 20 cm

Kürbisgratin mit Stilton – von Linda

Für 4 Personen – Zubereitungszeit: 20 Min.;
Garzeit: 30–40 Min.

1 Birnen- oder Butternusskürbis (ca. 1,5 kg)
etwas Butter für die Form
Salz & Pfeffer aus der Mühle
50 g Stilton*, zerkrümelt
50 g Semmelbrösel
50 g Walnüsse, grob gehackt
1 EL frische Thymianblättchen
1 kräftiger Schuss Olivenöl

Den Backofen auf 200 °C (Umluft 180 °C) vorheizen.

Kürbis schälen, halbieren und die Kerne entfernen. Das Fruchtfleisch in etwa 2,5 cm große Würfel schneiden. Eine Auflaufform einfetten. Kürbiswürfel hineingeben und kräftig mit Salz und Pfeffer würzen.
Stilton, Semmelbrösel, Walnüsse und Thymian in einer Schale vermengen und die Mischung über den Kürbis geben. Das Ganze mit Olivenöl beträufeln.

Auflaufform in den Backofen stellen und das Gratin 30 bis 40 Min. garen.

Es schmeckt köstlich mit einem Salat und frischem Brot, kann aber auch kalt genossen werden.

** Stilton ist ein englischer Blauschimmelkäse, er kann nach Belieben durch Gorgonzola oder frisch geriebenen Parmesan ersetzt werden.*

Koos ten Kate: »Groene Worm« (Grüner Wurm) – Öl auf Holz – 14,5 x 10 cm

Tracking Number
6GN40503735723111
11820130

Hirschrollbraten mit Steinpilzen

Für 4 Personen – Zubereitungs- mit Garzeit: 90 Min.

1 EL Salz aus der Mühle
1 EL Pfeffer aus der Mühle
1 kg Hirschrollbraten
50 g Butter

Für die Sauce:
50 g getrocknete Steinpilze
1 rote Zwiebel
250 g Kirschtomaten
1 EL Butter
1 Schuss Rotwein
100 g Sahne
Salz & Pfeffer aus der Mühle
Petersilie zum Garnieren

Den Backofen auf 100 °C (Umluft 80 °C) vorheizen.

Salz und Pfeffer in einem Schälchen vermischen und den Rollbraten damit einreiben. Die Butter in einer Pfanne erhitzen und das Fleisch darin rundum kräftig anbraten. Dann auf einen Grillrost legen und über einem tiefen Backblech in den Ofen schieben. Das Fleisch etwa 1 Std. und 20 Min. garen. Ein in die Mitte gestecktes Fleischthermometer sollte 57 °C anzeigen. Den Braten eventuell in Alufolie einschlagen, damit er nicht zu trocken wird.

Inzwischen für die Sauce die Steinpilze 30 Min. in lauwarmem Wasser einweichen. In einem Sieb abtropfen lassen. Danach noch für 5 Min. in kochendes Wasser geben, erneut abtropfen lassen und klein schneiden. Zwiebel schälen und grob hacken, Tomaten waschen und halbieren.
Butter in einer Pfanne erhitzen und die Zwiebel darin glasig schwitzen. Mit Rotwein ablöschen. Die Hälfte der Tomaten zufügen und einige Min. sanft schmoren lassen. Steinpilze und restliche Tomaten dazugeben und das Ganze noch ein wenig köcheln lassen. Sahne zufügen und die Sauce mit Salz und Pfeffer abschmecken. Noch 5 Min. etwas einkochen lassen. Den Rollbraten vom Netz befreien und in Scheiben schneiden. Gemeinsam mit der Sauce servieren und diese mit Petersilie garnieren.

Selbst gemachtes Kartoffelpüree und einen kräftigen Rotwein dazu reichen.

TIPP:
Hirschrollbraten erhalten Sie küchenfertig beim Fleischer.

Liesbet Milort: »Hert« (Hirsch) – Acryl auf Holz – 60 x 60 cm

CARTE D'EMBARQUEMENT
BOARDING PASS

AIRFRANCE

NON VALABLE SANS COUPON DE VOL ASSOCIE

Käsesoufflé von Georgie

Für 4 Personen – Zubereitungszeit: 20 Min.; Garzeit: 20–30 Min.

etwas Butter für die Form
300 g Käse*
2 EL Butter
2 EL Mehl
250 ml Milch
4 Eier

Den Backofen auf 200 °C (Umluft 180 °C) vorheizen. Eine hohe Auflaufform einfetten.

Käse fein würfeln oder reiben. Butter in einem Topf aufschäumen lassen, das Mehl mit einem Schneebesen einrühren und hellgelb anschwitzen. Unter ständigem Rühren die Milch angießen und so lange rühren, bis die Masse eindickt. Das kann einige Min. dauern. Den Käse zugeben und bei geringer Hitze unter Rühren schmelzen lassen. Eier trennen. Eigelbe zur Käsesauce geben und den Topf vom Herd nehmen.
Eiweiße in einer sauberen Schüssel steif schlagen und den Eischnee vorsichtig unter die Käsesauce ziehen. Darauf achten, dass die Sauce luftig bleibt.
Die Auflaufform zu zwei Dritteln mit der Masse füllen und das Soufflé 20 bis 30 Min. im Ofen garen. Ein Soufflé in kleinen Schälchen ist nach 12 bis 15 Min. gar.

Sofort servieren, denn ein Soufflé fällt schnell zusammen.

** Käsesoufflé kann mit allerlei Käsesorten zubereitet werden, zum Beispiel mit Camembert, Gouda, Edamer, Greyerzer, Blauschimmelkäse oder einer Mischung aus Käsesorten, die Sie gerade zur Hand haben.*

Liesbet Milort: »Merel in Frankrijk« (Amsel in Frankreich) – Mischtechnik auf Holz – 20 x 20 cm

Luc-en-Diois
Gap
Embrun
Col de Vars
Chorges
Savines-le-Lac
Veynes
Col de Cabre
Aspres
Tallard
Serres
Barcelonnette
Jausiers
Larche
Col de Larche
Colle della Maddalena
Acceglio
Bourdeaux
Dieulefit
la Motte-Chalancon
Rémuzat
Rosans
Turriers
Seyne
Pra-Loup
Vinadio
ALPES-DE-
Nyons
Buis-les-Baronnies
Mt Ventoux
Mormoiron
Carpentras
Pernes-les-Fontaines
Fontaine-de-Vaucluse
Gordes
Cavaillon
Bonnieux
Lambesc
Miramas
St Chamas
Berre-l'Etang
Marignane
Carry-le-Rouet
MARSEILLE
Cassis
la Ciotat
Bandol
Sanary
Six-Fours
la Seyne
TOULON
Cap Sicié
Gémenos
le Beausset
Ollioules
Cuers
Solliès-Pont
Hyères
Carqueiranne
Giens
la Londe-les-Maures
la Tour-Fondue
Port-Cros
I. du Levant
Le Lavandou
Bormes-les-M.
Collobrières
Massif des Maures
Grimaud
Cogolin
St Tropez
la Croix-Valmer
Cap Camarat
Cavalaire
Rayol
Auron
Valberg
Beuil
Puget-Théniers
Entrevaux
Roquesteron
ALPES
Coursegoules
Vence
Gges du Loup
Grasse
Mougins
Mandelieu-la-Napoule
la Napoule
Théoule
Miramar
le Trayas
Agay
St Raphaël
Esterel
Lérins

La salade des îles (Inselsalat)

Für 4 Personen – Zubereitungszeit: 20 Min.

½ Ananas
6 Datteln
1 Avocado
200 g Mais aus der Dose, abgetropft
200 g Garnelen in Lake (aus dem Kühlregal)
100 g Kräuterfrischkäse (Doppelrahmstufe)

Für das Dressing:
3 EL Joghurt
4 EL Olivenöl
3 EL Zitronensaft
½ TL Cayennepfeffer
weißer Pfeffer
Salz
4 Zweige Dill zum Garnieren

Ananas schälen und würfeln. Datteln entsteinen und in Stücke schneiden. Avocado schälen, entkernen und würfeln. Ananas, Datteln, Avocado, Mais und Garnelen in eine Schüssel geben und darin vermengen. Kräuterfrischkäse untermischen.
Für das Dressing alle Zutaten verrühren und über den Salat gießen. Den Salat mit Dill garnieren.

Schön frisch und sommerlich!

Claire Duval: »Paradijsvogel 1 & 2« (Paradiesvogel 1 & 2) – Mischtechnik auf Leinwand – 2 x 100 x 30 cm

Klaver 4
ontbijt en lunchcafé

Utrechtsestraat 69
1017 VJ Amsterdam
Tel: 020-624 28 49
WWW.LUNCHCAFE-KLAVER4.NL

Tafel #200

1 x Koffie verkeerd	€ 2,50
1 x Bananabread	€ 1,75
Totaal	€ 4.25
BTW 6%	€ 0,24
10:47 15/02/12 Steven	48844

Bedankt en graag tot ziens.
Bezorgservice Amsterdam Centrum

Bananenbrot – vom Lunchcafé Klaver 4

Zubereitungszeit: 25 Min; Backzeit: 40–50 Min.

- Butter und Semmelbrösel für die Form
- 150 g Butter
- 100 g Zucker
- 125 g Puderzucker
- 2 Eier
- 4 reife Bananen
- 175 g Mehl
- 1 TL Backpulver
- ½ TL Zimtpulver
- ½ TL Ingwerpulver
- 1 Prise Salz
- 100 g Pekannüsse, geschält

Den Backofen auf 175 °C (Umluft 155 °C) vorheizen.

Eine Kastenform einfetten und mit Semmelbröseln ausstreuen. Butter zerlassen, gemeinsam mit Zucker und Puderzucker in eine Schüssel geben und zu einer weichen, cremigen Mischung rühren. Eier einzeln untermengen. Bananen schälen. Das Fruchtfleisch mit einer Gabel zerdrücken oder mit einem Pürierstab zerkleinern, dann zum Teig geben. Mehl sieben und mit Backpulver, Zimt, Ingwer sowie Salz vermischen.
Die Mischung gründlich, aber rasch unter den Teig rühren.
Zum Schluss die Pekannüsse unterheben, einige zum Garnieren zurückbehalten. Den Teig in die Form füllen, glatt streichen und das Bananenbrot auf der mittleren Einschubleiste des Ofens 40 bis 50 Min. backen. Mit einem Holzstäbchen in die Mitte des Brotes stechen, bleibt kein Teig daran haften, ist es fertig.

Bananenbrot kurz abkühlen lassen und dann stürzen. Mit den restlichen Pekannüssen garnieren.

TIPP:
Lässt sich gut einfrieren. Ein paar Scheiben auftauen und mit Zimteiscreme als Dessert servieren!

Dieses Rezept stammt von Marianne Kooge vom Lunchcafé Klaver 4 in Amsterdam, wo auch Bilder der Künstler von ARTACASA zu sehen sind. Außer Bananenbrot serviert man dort viele andere leckere süße oder herzhafte Gerichte. Wirklich empfehlenswert!
www.lunchcafe–klaver4.nl

Annet van den Ende: »Theekopje« (Teetasse) – Öl auf Leinwand – 18 x 18 cm

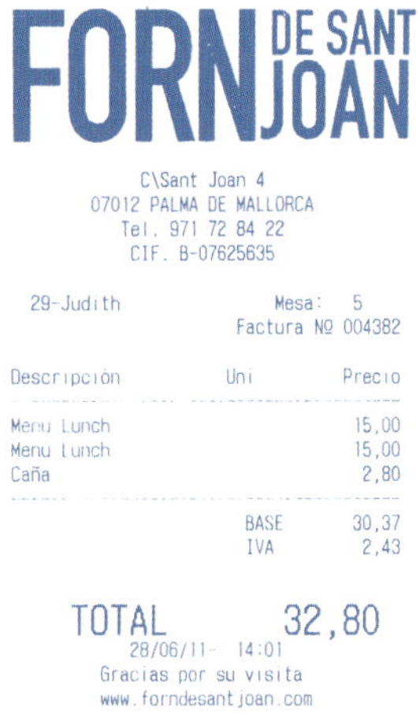
FORN DE SANT JOAN

C\Sant Joan 4
07012 PALMA DE MALLORCA
Tel. 971 72 84 22
CIF. B-07625635

29-Judith Mesa: 5
Factura Nº 004382

Descripcion	Uni	Precio
Menu Lunch		15,00
Menu Lunch		15,00
Caña		2,80
	BASE	30,37
	IVA	2,43

TOTAL 32,80
28/06/11- 14:01
Gracias por su visita
www.forndesantjoan.com

Krabben-Mango-Tatar

Für 4 Personen – Zubereitungszeit: 20 Min.

1 vollreife Mango
250 g Krabbenfleisch (aus der Dose)
4 EL Crème fraîche
Salz & Pfeffer aus der Mühle
2 reife Avocados
1 Prise Chiliflocken

Optional zum Garnieren:
Koriander- und Petersilienzweige

Mango schälen und das Fruchtfleisch vom Kern schneiden. Die Hälfte des Fruchtfleisches pürieren, den Rest in kleine Stücke schneiden. Krabbenfleisch mit einem scharfen Messer fein hacken. Krabbenfleisch mit 2 Esslöffeln Crème fraîche und 2 Esslöffeln Mangopüree sowie -würfeln mischen. Beim Mischungsverhältnis darauf achten, dass Mango und Krabbe noch gut zu schmecken sind. Mit etwas Salz und Pfeffer würzen.
Avocados halbieren, das Fruchtfleisch mit einem Teelöffel von den Schalen lösen und dann gemeinsam mit restlicher Crème fraîche, Salz, Pfeffer und Chiliflocken pürieren.
Mit Hilfe eines Koch- oder Speiserings ein Törtchen formen.
Mit einer Schicht Krabbenmasse beginnen, darüber eine Schicht Avocadopüree und zum Schluss eine Schicht Krabbenmasse.
Nach Belieben mit Koriander- und Petersilienzweigen garnieren.

Gut gekühlten Sauvignon Blanc und frisches Weißbrot dazu reichen.

TIPP:
Wenn kein echtes Krabbenfleisch zur Verfügung steht, können Sie Surinami-Stäbchen als Ersatz nehmen.

Annet van den Ende: »Krab« (Krabbe) – Öl auf Leinwand – 18 x 18 cm

mit Süßkartoffel-Pommes

Fischstäbchen

Für 4 Personen – Zubereitungszeit: 40 Min.

1 kg Süßkartoffeln
4 EL Olivenöl
Salz & Pfeffer aus der Mühle
je 1 EL frische Thymianblättchen und Rosmarinnadeln

600 g Kabeljau- oder Rotbarschfilets
2 Eier
2 EL Mehl
3 EL fein gehackte Petersilie
4 Scheiben altbackenes Brot
50 g Butter
100 ml Rapsöl

Für die Sauce:
2 EL Mayonnaise
1 EL Quark (20 % Fettgehalt)
abgeriebene Schale von ½ unbehandelten Zitrone
2 EL fein gehacktes Basilikum

Den Backofen auf 180 °C (Umluft 160 °C) vorheizen.

Kartoffeln schälen und in mitteldicke Stifte schneiden. Auf ein Backblech legen, mit Olivenöl beträufeln, mit Salz und Pfeffer würzen. Mit Thymian und Rosmarin bestreuen. Die Pommes etwa 15 Min. im Ofen garen. Anschließend in ca. 10 Min. unter dem Grill knusprig backen. Ab und zu durchrütteln.

Inzwischen die Fischfilets waschen, trocken tupfen und sorgfältig entgräten. In dicke Streifen schneiden und mit Salz und Pfeffer würzen. Die Eier mit Mehl und Petersilie verquirlen. Brot in einer Küchenmaschine zermahlen oder mit der Hand zerbröseln. Die Brösel in einen tiefen Teller geben.
Alle Zutaten für die Sauce gründlich vermengen. Mit Salz und Pfeffer abschmecken.
Fischstücke zuerst durch die Eimischung ziehen und dann in den Bröseln wälzen. Butter und Öl in einer Pfanne mittelstark erhitzen. Fischstäbchen darin pro Seite in ca. 5 Min. goldbraun braten. Auf Küchenpapier abtropfen lassen.
Sofort zusammen mit den Pommes und der Sauce servieren.

Roos Schuring: »Kinderpartijtje« (Kinderparty) – Öl auf Leinwand – 24 x 30 cm

Roos Schuring: »Seascape #3 fall« (Meerespanorama #3 Herbst) – Öl auf Leinwand – 20 x 60 cm

SLAGERIJ YOLANDA EN FRED DE LEEUW
UTRECHTSESTRAAT 92 AMSTERDAM
TEL: 020-6230235 FAX 020-6250190

afd. 1
29.02.2012 11.39:39 kassa 1 203/1 ◦ 006496
kg €/100g verk. 1 €
cote DE boeuf RUBIA
1,446 4,75
totaal €

Côte de boeuf – vom Metzger de Leeuw

Für 2–3 Personen – Zubereitungszeit: ca. 70 Min.

1–1,5 kg Hohe Rippe vom Rind, ca. 2 Finger dick
1 EL grobes Meersalz
1 EL zerdrückte, schwarze Pfefferkörner
2 EL Rosmarinnadeln
6 Knoblauchzehen
Butter zum Braten

Außerdem:
Fleischthermometer

44–48 °C:
rare – stark blutig
50–55 °C:
medium rare – blutig
58–60 °C:
medium – mittel/halbdurch
70–85 °C
well done – ganz durch

Den Backofen auf 90 °C Umluft vorheizen.

Das Côte de boeuf etwa 4 Std. vor Zubereitung aus dem Kühlschrank nehmen, damit es Zimmertemperatur annimmt.
Das Fett vom Kotelett schneiden und würfeln. Meersalz, Pfefferkörner, Rosmarinnadeln und ungeschälte Knoblauchzehen mischen. Ein Stück Butter in einer Pfanne erhitzen. Gewürzmischung und Fettwürfel darin knusprig braten. Fettwürfel herausnehmen und auf einem Stück Küchenpapier beiseite legen. Knoblauch und Rosmarin entfernen, aber etwas Fett in der Pfanne lassen.
Ein weiteres Stück Butter in die Pfanne geben und die Rinderrippe auf beiden Seiten kurz anbraten, bis das Fleisch schön gebräunt ist. Das Fleisch auf einen Rost mit Auffangschale legen und im Ofen in ca. 50 Min. bis zu einer Kerntemperatur von etwa 50 °C garen. Danach noch 5 Min. bei geöffneter Ofentüre ruhen lassen.

Das Fleisch in dünne Scheiben schneiden. Bratkartoffeln und einen gemischten Salat aus jungen Blättern dazu reichen – und natürlich die Fettwürfel, falls sie noch nicht aufgegessen wurden!

Dieses Rezept stammt von Arno Veenhof, Fleischerei De Leeuw – www.slagerijdeleeuw.nl

SLAGERIJ DE LEEUW

Roos Schuring: »Young cows are curious« (Junge Kühe sind neugierig) – Öl auf Leinwand – 24 x 55 cm

Zitronen-Quark-Torte

Für 10 Personen – Zubereitungszeit: 45 Min.; Kühlzeit: 3 Std.

- Butter für die Form
- 20 Bastogne-Kekse*
- 100 g Butter, zerlassen
- 8 Blatt weiße Gelatine
- 350 g Zitrusfrüchte (Zitrone, Orange, Grapefruit)
- 150 ml Zitrussaft**
- abgeriebene Schale von 2 unbehandelten Zitronen
- 250 g Mascarpone
- 500 g Magerquark
- 150 g weißer Rohrzucker
- 200 g Sahne
- frische Minze
- feine Schalenstreifen von 1 unbehandelten Orange

Eine Springform (21 cm Ø) einfetten. Kekse in einer Küchenmaschine zerbröseln, Butter unter die Krümel ziehen und die Mischung mit der gewölbten Seite eines Esslöffels in die Form drücken.
Gelatine in kaltem Wasser einweichen. Die Zitrusfrüchte schälen, von der weißen Haut befreien, in Spalten teilen und diese in Stücke schneiden. Fruchtsaft erhitzen und vom Herd nehmen, sobald der Saft fast kocht. Gelatine ausdrücken und darin auflösen. Mascarpone in einer großen Schüssel cremig rühren, Quark, Zucker, Zitronenschale und Gelatinemischung untermengen. Fruchtstücke unterheben, 2 Grapefruitspalten zum Garnieren aufheben. Sahne steif schlagen und locker unter die Quarkmischung ziehen. Die Masse auf dem Keksboden verteilen und glatt streichen. Die Torte für mindestens 3 Std. kühl stellen.

Kurz vor dem Servieren mit den Grapefruitspalten, Minze und Orangenschale garnieren.

** Karamellkekse mit Kandis*
*** Den Saft vom Schälen und Schneiden auffangen. Falls die Menge nicht ausreicht, zusätzliche Orangen und Zitronen auspressen.*

Kiki Demelinne : »Grapefruit en Citroenen« (Grapefruit und Zitronen) – Keramik – 3 Figuren à ca. 18 cm

Erbsen-Minze-Suppe mit Crôutons & Speck

Für 4 Personen – Zubereitungszeit: 30 Min.

300 g Zucchini
2 EL Olivenöl
400 g frische grüne Erbsen oder TK-Erbsen
1 l Hühnerbrühe
1 Handvoll Minze, fein geschnitten
200 g Sahne
3 Scheiben altbackenes Brot
100 g magerer Speck

Zucchini putzen, waschen und grob würfeln. 1 Esslöffel Olivenöl in einem Topf erhitzen. Zucchiniwürfel und Erbsen darin 3 Min. andünsten. Brühe und Minze hinzufügen, dabei ein paar Blättchen Minze zum Garnieren aufheben. Das Ganze etwa 5 Min. köcheln lassen.
Die Suppe pürieren, die Sahne einrühren und die Suppe nochmals 2 Min. sanft köcheln lassen. Brot und Speck würfeln. Restliches Olivenöl in einer Pfanne erhitzen und die Brotwürfel darin knusprig braun braten. Die Crôutons auf Küchenpapier abtropfen lassen. Speckwürfel in derselben Pfanne kross braten und ebenfalls abtropfen lassen.

Die Suppe warm oder kalt servieren. Jede Portion mit Crôutons, Speckwürfeln und Minzeblättchen versehen.

TIPP:
Vegetarier können die Speckwürfel weglassen und die Hühner- durch Gemüsebrühe ersetzen.

Kiki Demelinne: »Allemaal groene Dingetjes« (Alles Grünzeugs) – Keramik – 6 x 15 cm

AUSTRALIA
HOBART GPO
$7.05
GST Free
0.178 kg (S) to NETHERLANDS
131211 11:37 7000 A6
Postage Paid

Dorade mit Zitrone vom Grill

Für 4 Personen – Zubereitungszeit: 10 Min.; Grillzeit: 20 Min.

4 küchenfertige Doraden (à ca. 300 g)*
2 unbehandelte Zitronen
je 4 Thymian- und Rosmarinzweige
Salz & Pfeffer aus der Mühle
Olivenöl

Den Grill rechtzeitig anheizen – für eine schöne Glut unbedingt eine gute Stunde einplanen!

Doraden innen und außen waschen. Zitronen in Scheiben schneiden und diese halbieren. Fische beidseitig einkerben und die halben Zitronenscheiben in die Kerbungen stecken. In den Bauch jeden Fisches je 1 Thymian- und Rosmarinzweig legen. Die Doraden innen und außen mit Salz sowie Pfeffer würzen.

Fische rundum mit Olivenöl bestreichen, nicht zu dicht nebeneinander auf den Grill legen und etwa 20 Min. grillen. Dabei einmal wenden. Eventuell Fisch-Grillzangen benutzen, damit die Doraden nicht auseinanderfallen.

** Andere schmackhafte Fische eignen sich natürlich auch bestens. Sie sollten vor allem frisch sein!*

Florentine Haak: »Vissen«/»Zitroenen« (Fische/Zitronen) – Öl auf Leinwand/Holz – 18 x 24 cm / 12 x 24 cm

Florentine Haak: »Perenbloesem« (Birnenblüte) – Öl auf Holz – 17 x 47 cm

Gerösteter Rosenkohl mit Kastanien

Für 4 Personen – Zubereitungszeit: 1 Std. 35 Min.

250 g Esskastanien*
500 g Rosenkohl
5 EL Olivenöl
200 g frische Silberzwiebeln oder kleine Schalotten
2 EL Balsamico
250 ml Gemüsebrühe
1 TL getrockneter Thymian
Salz & Pfeffer aus der Mühle

Kastanien mit einem scharfen Messer oben über Kreuz einritzen, dabei darauf achten, dass beide Schichten der Schale durchgeschnitten werden. Kastanien für 3 bis 5 Min. in einen Topf mit kochendem Wasser geben. Topf vom Herd nehmen, aber das Wasser nicht abgießen! Kastanien nach und nach mit einem Schaumlöffel herausnehmen. Schalen und beide Häute mit einem scharfem Messer entfernen, das geht am besten, wenn die Kastanien noch heiß sind. In einen Topf mit warmem Wasser geben und bei geringer Hitze in etwa 30 Min. gar kochen. Danach abtropfen lassen.

Den Backofen auf 200 °C (Umluft 180 °C) vorheizen.

Rosenkohl putzen und waschen. Auf ein Blech legen und mit 3 Esslöffeln Olivenöl beträufeln. 25 bis 30 Min. im Ofen garen, dabei nach 10 Min wenden.

Silberzwiebeln oder Schalotten schälen. Restliches Olivenöl in einer großen Pfanne erhitzen und die Zwiebeln darin in 5 bis 10 Min. rundum anbräunen. Balsamico und Brühe hinzufügen und in etwa 15 Min. einkochen lassen. Thymian, Rosenkohl sowie Kastanien hinzufügen. Kräftig mit Salz sowie Pfeffer würzen und servieren.

** Vorgekochte Esskastanien (Maronen) sind auch in der Dose oder vakuumverpackt erhältlich … wunderbar bequem und dennoch köstlich!*

Florentine Haak: »Spruitjes« (Rosenkohl) – Öl auf Holz – 20 x 20 cm

Amaretto-Feigen mit Quark

Für 4 Personen – Zubereitungszeit: 15 Min.

- 6 frische Feigen
- 75 g Amaretti (ital. Makronen)
- 20 g brauner Rohrzucker
- 1 kräftiger Schuss Amaretto (ital. Mandellikör)
- 4 EL Quark (Fettgehalt nach Wahl)

Den Backofen auf 180 °C (Umluft 160 °C) vorheizen. Stielansatz der Feigen entfernen und die Früchte halbieren. Mit der Schnittseite nach oben in eine Auflaufform legen. Amaretti zerbröseln und mit Zucker sowie Amaretto vermengen. Die Mischung über den Feigen verteilen und diese in 5 bis 10 Min. im Backofen goldbraun backen.

Die Feigen sofort servieren. Jeweils einen Esslöffel cremig gerührten Quark dazu geben.

Sanne Kuiper: »Dessert« (Dessert) – Acryl auf Leinwand – 40 x 30 cm

Calin

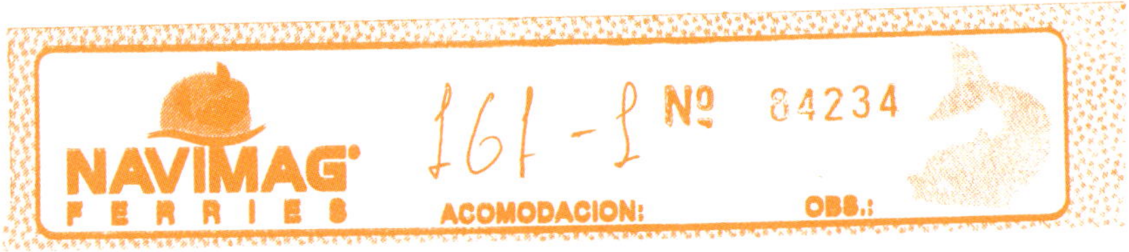

Ceviche*

Für 4 Personen – Zubereitungszeit: 20 Min.; Kühlzeit: 6 Std.

400 g frische weiße Meeresfischfilets (z.B. Wolfsbarsch)
1 gelbe Paprikaschote
1 cm frische Ingwerwurzel
1 Knoblauchzehe
1 Zwiebel
100 ml Zitronensaft
Saft von ½ Orange

später:
1 Handvoll Koriandergrün
1 reife Avocado
1 Schuss Olivenöl
Salz & Pfeffer aus der Mühle

Fischfilets sorgfältig entgräten und in ca. 1,5 cm große Würfel schneiden. Paprikaschote putzen, waschen und fein würfeln. Ingwer, Knoblauch sowie Zwiebel schälen, ebenfalls fein würfeln und zusammen mit den Fisch- und Paprikawürfeln in eine Schüssel geben. Zitronen- und Orangensaft zufügen und das Ganze gut durchrühren. Die Schüssel mit Klarsichtfolie abdecken und für 6 Std. in den Kühlschrank stellen. Den Fischsalat ab und zu durchrühren.

Koriandergrün waschen, trocken schleudern und die Blättchen von den Stielen zupfen. Avocado schälen und das Fruchtfleisch würfeln. Gemeinsam mit Korianderblättchen und Olivenöl unter den Fischsalat heben. Diesen mit Salz und Pfeffer abschmecken.

Schmeckt lecker mit frischem Weißbrot.

** Ceviche stammt aus Peru und Ecuador. Dort wird das Gericht zusätzlich mit Chilischoten gewürzt und mit gekochten Garnelen angereichert.*

Sanne Kuiper: »Aan tafel« (Zu Tisch) – Acryl auf Leinwand – 18 x 50 cm

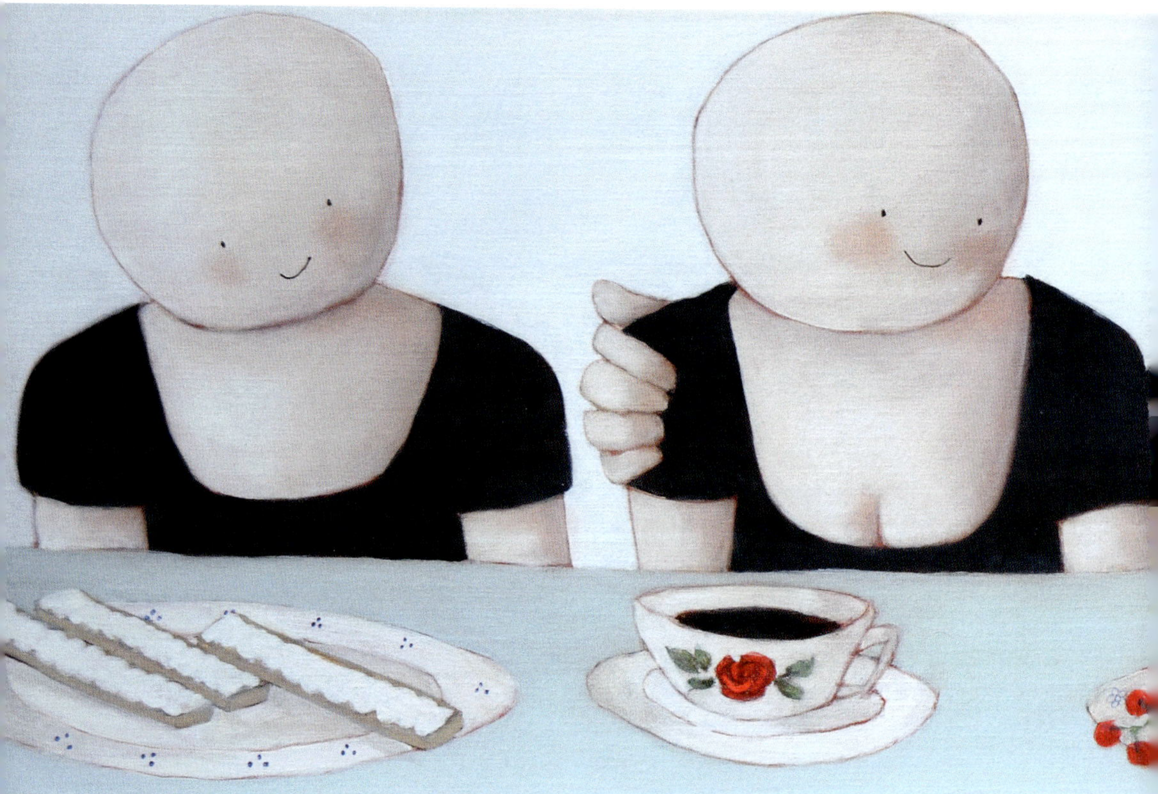

Sanne Kuiper: »Chocolade en Koffie« (Schokolade und Kaffee) – Acryl auf Leinwand – 40 x 120 cm

Sommersalat mit Melone und Himbeeren

Für 4 Personen – Zubereitungszeit: 20 Min.; Marinierzeit: 1–2 Std.

250 g Hähnchenbrustfilets
1 cm frische Ingwerwurzel
5 EL Himbeeressig
2 TL Honig
8 EL Walnussöl
1 TL Ketjap Manis (süße Sojasauce, aus dem Asienladen)
Salz & Pfeffer aus der Mühle
1 Eiweiß
4 EL Sesamsamen
½ Honigmelone
1 Kopf Friséesalat
4 EL Pinienkerne
2 EL Olivenöl
200 g frische Himbeeren

Hähnchenfilets in Streifen schneiden und in eine Schüssel geben. Ingwer schälen und durch eine Knoblauchpresse drücken. 2 Esslöffel Himbeeressig, 1 Teelöffel Honig, Ingwer, 2 Esslöffel Walnussöl, Ketjap Manis, Salz und Pfeffer zu einer Marinade verrühren. Über die Hähnchenstreifen geben und diese 1 bis 2 Std. durchziehen lassen. Danach mit Küchenpapier trocken tupfen.
Eiweiß verquirlen. Hähnchenstreifen zuerst durch das Eiweiß ziehen, dann in Sesamsamen wälzen. Salat putzen, waschen, trocken schleudern und in mundgerechte Stücke teilen. Melone von Kernen befreien. Aus dem Fruchtfleisch Kugeln stechen und diese mit Pfeffer bestreuen.

Für das Dressing restlichen Himbeeressig und Honig mit restlichem Walnussöl, Salz und Pfeffer vermischen.
Pinienkerne in einer Pfanne ohne Fettzugabe rösten. Olivenöl in einer Pfanne erhitzen und die Hähnchenstreifen darin goldbraun braten.
Salat mit dem Dressing marinieren und auf 4 Teller verteilen. Melonenkugeln, Himbeeren und Pinienkerne hinzugeben.
Auf jede Portion einige Hähnchenstreifen legen.

Mit frischem Weißbrot und einem Glas Wein ist dieser Salat im Sommer ein wunderbares Mittagessen.

Ich esse am liebsten Vorspeisen und bestelle auch in einem Restaurant oft anstelle eines Hauptgerichts eine Vorspeise.
Laetitia de Haas

Laetitia de Haas: »Blauwe Serviekast« (Blauer Geschirrschrank) – Öl auf Leinwand – 120 x 80 cm

Chaat mit Mangosalat*

Für 4 Personen – Zubereitungszeit: 30 Min.

- 2 Kartoffeln
- Salz
- ½ rote Zwiebel
- 1 Handvoll Koriandergrün
- 30 g Krabbenchips**
- 200 g Joghurt
- 1 TL frisch geriebener Ingwer
- ½ TL Chilipulver
- ¼ TL Kumin (Kreuzkümmel), gemahlen
- ¼ TL Koriander, gemahlen
- ¼ TL schwarzer Pfeffer
- 125 g gegarte Kichererbsen (aus der Dose)
- 12 indische Fladen aus Linsenmehl (Papadum)
- 5 EL Chutney

Für den Mangosalat:

- 1 reife Mango
- 2 Frühlingszwiebeln
- ½ grüne Chilischote
- 1 Handvoll Koriandergrün
- ¼ TL Chilipulver
- 1 EL Limettensaft

Kartoffeln kochen, schälen, pürieren und mit Salz abschmecken. Zwiebel und Koriander fein hacken, Krabbenchips zerbröseln. Joghurt mit Ingwer, Chilipulver, Kumin, Koriander, Pfeffer und Salz vermengen.
Auf 4 Fladen je 1 Esslöffel Kartoffelpüree, darauf 1 Esslöffel Kichererbsen, 1 Esslöffel gewürzten Joghurt und 1 Teelöffel Chutney geben. Jede Portion mit Zwiebelwürfeln, frischem Koriander und Krupukstücken garnieren.

Für den Salat Mango schälen, das Fruchtfleisch vom Kern schneiden und grob würfeln. Frühlingszwiebeln putzen, waschen und in feine Ringe schneiden. Chilischote und Koriandergrün fein hacken. Alle Salatzutaten vermischen und mit Limettensaft beträufeln.

Alles zusammen servieren. Restliche Fladen, restliche Joghurtsauce und restliches Chutney dazu reichen.

** Chaat bezeichnet einen herzhaften Snack, der in Indien in unzähligen Varianten zubereitet wird und zumeist bei Straßenständen erhältlich ist.*
*** Krupuk, in Asialäden erhältlich*

Mascha Kragten: »Portret« (Portrait) – Öl auf Holz – 60 x 40 cm

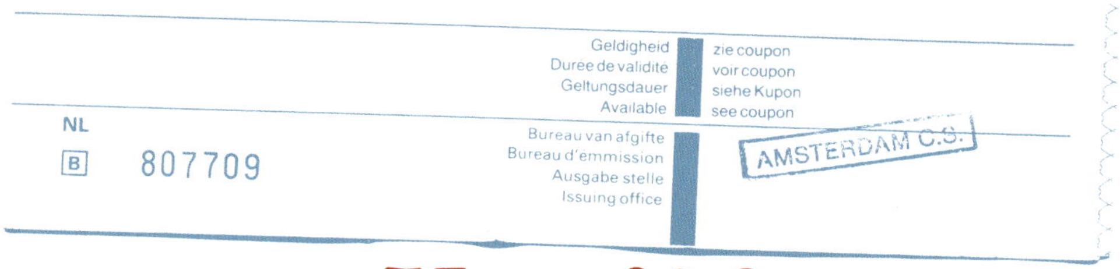

Hete bliksem (»Heißer Blitz«

Für 4 Personen – Zubereitungszeit: 40 Min.

- 1,5 kg mehligkochende Kartoffeln
- Salz
- 500 g säuerliche Äpfel
- 300 g süße Äpfel
- 2 Zwiebeln
- 4 Scheiben Bauchspeck*
- etwas Butter
- Pfeffer aus der Mühle
- 1 EL Honig
- 1 Prise frisch geriebene Muskatnuss
- 1 EL Zimtpulver

Kartoffeln schälen, vierteln und gemeinsam mit reichlich gesalzenem Wasser zum Kochen bringen. Äpfel schälen, vom Kerngehäuse befreien und vierteln. Nach 10 Min. Garzeit zu den Kartoffeln geben und das Ganze weitere 10 Min. kochen lassen.
Inzwischen Zwiebeln schälen und in Ringe schneiden. Bauchspeck in einer Pfanne erhitzen und die Zwiebelringe darin braten, bis sie schön gebräunt sind.
Äpfel und Kartoffeln abgießen, mit etwas Kochflüssigkeit und einem Stück Butter zu Püree stampfen. Salz, Pfeffer, Honig, Muskat sowie Zimt zufügen und gut durchrühren.

Den »heißen Blitz« mit Zwiebelringen sowie Bauchspeck garnieren und sofort servieren.

** Sehr lecker ist auch Blutwurst!*

Richard van Mensvoort: »Winter 4« (Winter 4) – Öl auf Leinwand – 60 x 50 cm

New York
Cheesecake – von Lieke

Für 8 Stücke – Zubereitungszeit: 20 Min.; Backzeit: 45 Min.

- etwas Butter für die Form
- 150 g Vollkorn-Butterkekse*
- 75 g Butter
- 150 g Zucker
- 250 g Sauerrahm
- 600 g Doppelrahmfrischkäse
- 1 Päckchen Vanillezucker
- abgeriebene Schale von 1–2 unbehandelten Zitronen
- 3 frische Eier

Den Backofen auf 180 °C (Umluft 160 °C) vorheizen. Eine Springform (23 cm Ø) einfetten.

Kekse zerbröseln, Butter zerlassen, beides gut vermischen und als Boden in die Form geben. Mit der gewölbten Seite eines Esslöffels andrücken und in ca. 10 Min. goldbraun backen. Danach die Temperatur auf 140 °C (Umluft 120 °C) reduzieren.

Zucker, Sauerrahm, Frischkäse, Vanillezucker sowie Zitronenschale gründlich vermengen. Eier einzeln unterrühren, bis eine homogene Masse entsteht. In die Springform füllen und einige Male an die Seiten der Form klopfen, damit eventuelle Luftblasen platzen.

Den Käsekuchen 40 bis 50 Min. backen. Die Masse sollte am Rand fest, in der Mitte jedoch noch etwas weich sein. Den Käsekuchen noch einige Min. im ausgeschalteten Backofen ruhen lassen, damit er noch fester wird. Nimmt man ihn zu früh heraus, kann die Füllung reißen.

Den Käsekuchen lauwarm oder abgekühlt servieren.

** Oder andere Kekse, zum Beispiel Spekulatius.*

Richard van Mensvoort: »Greenwich village« (Greenwich Village«)
– Öl auf Leinwand – 80 x 80 cm

Zuccotto

Für 4 Personen – Zubereitungszeit: 30 Min.; Kühlzeit: 1 Std.

150 g Bitterschokolade (mind. 70 % Kakaoanteil)
50 ml abgekühlter Espresso
3 EL Amaretto
250 g Löffelbiskuits
500 g Sahne
30 g Puderzucker
50 g gehackte Haselnüsse
Kakaopulver zum Bestäuben

Die Hälfte der Bitterschokolade grob hacken, den Rest im Wasserbad schmelzen und kurz abkühlen lassen.
Espresso mit Amaretto vermischen. Eine Schüssel mit rundem Boden (ca. 1 Liter Inhalt) mit Klarsichtfolie auskleiden. Einige Löffelbiskuits in die Espresso-Amaretto-Mischung tauchen und den Boden der Schüssel damit auslegen.
Sahne zusammen mit Puderzucker steif schlagen. Haselnüsse und gehackte Schokolade unterziehen.
Die Hälfte der Sahnemasse auf den Löffelbiskuits verstreichen. Geschmolzene Schokolade unter die restliche Sahne mengen und die Schokosahne auf die erste Schicht geben.
Wiederum Löffelbiskuits in die Espresso-Amaretto-Mischung tauchen und mit der Zuckerseite nach oben auf die Schokosahne legen. Das Ganze dick mit Kakaopulver bestäuben und für mindestens 1 Std. kühl stellen – aber viel leckerer ist der Zuccotto, wenn er über Nacht im Kühlschrank steht! Danach vorsichtig stürzen und erneut mit Kakaopulver bestäuben.

TIPP:

Offiziell wird Zuccotto mit selbst gebackenem Biskuitboden zubereitet, aber diese Variante geht schneller und einfacher. Sie können den Espresso auch durch 2 Esslöffel Cognac ersetzen und zusätzlich 50 g gehackte Mandeln zur Sahnemasse geben.

Richard van Mensvoort: »Bar 2« (Bar 2) – Öl auf Leinwand – 30 x 40 cm

Malva-Pudding

Für 6 Personen – Zubereitungszeit: 25 Min.; Backzeit: 45 Min.

etwas Butter für die Form
150 g Zucker
2 Eier
2 EL Aprikosen-marmelade*
160 g Mehl (Type 405)
1 Päckchen Backpulver
1 Prise Salz
30 g Butter
1 EL Weißweinessig
125 ml Milch

Für die Sauce:
200 g Sahne
50 g Butter
100 g brauner Zucker
50 ml Orangensaft
50 ml Cognac

Den Backofen auf 180 °C (Umluft 160 °C) vorheizen. Eine flache Auflaufform einfetten.

Zucker, Eier und Aprikosenmarmelade cremig rühren. Mehl, Backpulver und Salz in eine große Schüssel geben. Butter zerlassen, Essig und Milch zugeben. Diese Mischung zum Mehl geben und gründlich untermengen. Dann die Ei-Zucker-Masse hinzufügen und ebenfalls gut untermischen.

Den Teig in die Form geben und in etwa 45 Min. dunkelbraun backen. Anschließend kurz abkühlen lassen und noch warm in rechteckige Stücke schneiden.

Für die Sauce alle Zutaten in einen Topf geben und bei geringer Hitze erwärmen. Mit einem Schneebesen gut durchrühren. Die Sauce über die noch warmen Portionen gießen und einziehen lassen, damit der Kuchen schön saftig wird.
Lauwarm zusammen mit Vanilleeiscreme servieren.

Hinweis: Die Bezeichnung Pudding mag für diesen Kuchen etwas verwirrend erscheinen, doch in Südafrika nennt man dieses Dessert, das dort ungemein beliebt ist, exakt so.

* *siehe Rezept auf Seite 138*

Loetitia Pillault: »Recette d'amour« (Liebesrezept) – Mischtechnik auf Leinwand – 46 x 38 cm

Kohlrouladen

Für 4 Personen (10–12 Stück) – Zubereitungszeit: 1 Std.

1 Kopf Weißkohl*
Salz
1 Zwiebel
1 kleiner Apfel
1 dicke Scheibe altbackenes Weißbrot
500 g Rinderhackfleisch
1 Handvoll Rosinen
2 EL mittelscharfer Senf
2 EL frischer Thymian
Pfeffer aus der Mühle
etwas Milch
50 g Butter
500 ml Rinderfond (aus dem Glas)

Den Strunk des Weißkohls großzügig herausschneiden. Den Kopf mit dem Strunk nach unten kurz in kochendes Salzwasser legen. Herausnehmen und die großen Blätter ablösen. Die Kohlblätter trocken tupfen und die dicken Blattrippen aus der Mitte herausschneiden. Je 2 halbe Blätter auf einem Küchentuch locker übereinander legen, mit einem Küchentuch bedecken und mit einem Rollholz flach rollen.

Zwiebel und Apfel schälen, dann fein würfeln. Weißbrot zerbröseln. Hackfleisch, Zwiebel, Apfel, Rosinen, Senf, Brotkrümel und Thymian gut vermischen. Mit Salz und Pfeffer würzen. So viel Milch zugeben, bis eine weiche, formbare Masse entsteht. Auf je 2 übereinander gelegte Kohlblätter 1 Esslöffel Hackfleischmasse geben. Zur Roulade aufrollen und mit Küchengarn fixieren. Vorgang wiederholen, bis alle Kohlblätter und die gesamte Füllung aufgebraucht sind.

Butter in einem großen Bräter erhitzen und die Rouladen darin vorsichtig anbraten. Einige Male wenden, bis sie von allen Seiten schön gebräunt sind. Rinderfond angießen, den Bräter verschließen und die Rouladen ca. 30 Min. bei geringer Hitze köcheln lassen. Vor dem Servieren vom Küchengarn befreien. Salzkartoffeln oder Kartoffelpüree dazu reichen.

** Kohlrouladen kann man auch gut mit Wirsing oder Spitzkohl zubereiten.*

Kai Savelsberg: »Eine Nacht« – Mischtechnik auf Leinwand – 80 x 120 cm

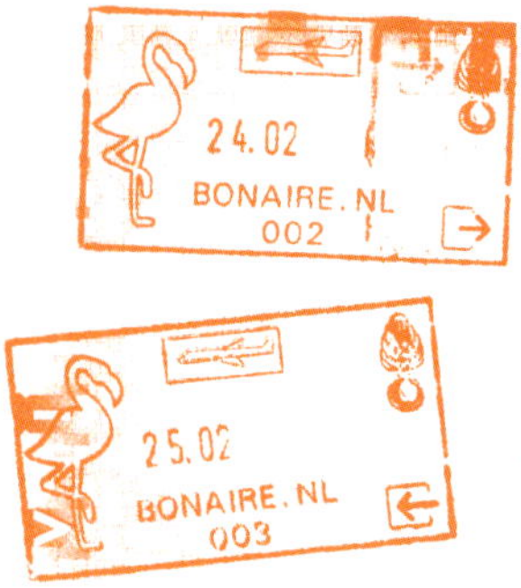

Mango-Mousse

Für 4 Personen – Zubereitungszeit: 15 Min.; Kühlzeit: 3 Std.

3–4 vollreife Mangos*
1 cm frische Ingwerwurzel (optional)
1 Limette
80 g Zucker
250 g Mascarpone
2 frische Eiweiß
Mango- oder Maracujastücke zum Garnieren

Mangos schälen, das Fruchtfleisch jeweils vom Kern schneiden und grob würfeln. Ingwer ebenfalls schälen und fein hacken. Limette auspressen.

Mangowürfel, Ingwer, Limettensaft, Zucker und Mascarpone im Mixer oder in einer Küchenmaschine zu einer glatten Mousse pürieren. Eiweiße steif schlagen und locker unterziehen.

Die Mango-Mousse in 4 hübsche Dessertgläser füllen und für 3 Std. kühl stellen. Vor dem Servieren mit frischen Mango- oder Maracujastückchen garnieren.

TIPP:
Die Mousse schmeckt auch ohne Eiweiß sehr lecker.

** Sie können keine vollreifen Mangos auftreiben? Dann lieber ein anderes Dessert zubereiten!*

Wil Kroon: »Mango's« (Mangos) – Öl auf Leinwand – 80 x 60 cm

海天酒家

正宗粤菜 遠近馳名

Chinesisches Zitronenhuhn – von Iris

Für 4 Personen – Zubereitungszeit: 40 Min.

550 g Hähnchenbrustfilets
2 Eiweiß
1 TL Sesamöl
1 EL Sojasauce
Salz & Pfeffer aus der Mühle
2 TL Maisstärke
1 Knoblauchzehe, fein gehackt
Sesamöl zum Braten

Für die Sauce:
1 rote Chilischote
100 ml Geflügelfond (aus dem Glas)
3 EL Zitronensaft
2 EL Reiswein
2 EL Zucker
1 EL Maisstärke

Zum Garnieren:
Frühlingszwiebeln, fein geschnitten
1 Zitrone, in Scheiben
Ketjap (indonesische Sojasauce; aus dem Asienladen)

Hähnchenbrustfilets in Streifen schneiden. Eiweiße, Sesamöl, Sojasauce, Salz, Pfeffer und Maisstärke in einer großen Schüssel vermischen und das Fleisch gründlich darin wenden. Für 20 Min. zugedeckt zum Marinieren in den Kühlschrank stellen.

Für die Sauce die Chilischote halbieren, entkernen und in dünne Streifen schneiden. Wok oder tiefe Pfanne stark erhitzen und Geflügelfond, Zitronensaft, Reiswein, Zucker und Chilischote hineingeben. Bei starker Hitze zum Kochen bringen. Maisstärke mit 1 Esslöffel Wasser anrühren, zur Sauce geben und diese 1 Min. köcheln lassen, bis sie eingedickt ist. Mit Salz und Pfeffer würzen.

Etwas Sesamöl in einer großen Pfanne erhitzen und den Knoblauch darin anbraten. Hähnchenstreifen zufügen und bei starker Hitze rundum knusprig und goldbraun braten.

Das Fleisch in eine vorgewärmte Schüssel geben und mit der Sauce übergießen. Mit Frühlingszwiebeln, Zitronenscheiben und eventuell ein wenig Ketjap garnieren. Frisch gekochten Duftreis dazu reichen.

好吃

Wil Kroon: »Chinese Kimono« (Chinesischer Kimono) – Öl auf Leinwand – 90 x 100 cm

mit Hagebuttensauce

Grießpudding

Für 4–8 Personen – Zubereitungszeit: 1 Std.; Kühlzeit: 3 Std.

Für die Hagebuttensauce:
2 kg Hagebutten
75 g Rohrzucker

Für den Pudding:
1 l Milch
1 Vanilleschote
Zeste von 1 unbehandelten Zitrone
75 g Zucker
110 g Grieß
2 Eier

Hagebutten waschen, abtropfen lassen und von den Stielen zupfen. Zusammen mit Zucker in einen Topf geben. Mit Wasser auffüllen, bis die Früchte vollkommen bedeckt sind. Zum Kochen bringen und zugedeckt ca. 20 Min. garen. Hagebutten abgießen und mit der gewölbten Seite eines Esslöffels durch ein feines Sieb streichen. Eventuell noch etwas Zucker hinzugeben.

Milch erhitzen. Vanilleschote längs aufschlitzen und gemeinsam mit der Zitronenschale zufügen. Unter ständigem Rühren Zucker und Grieß zugeben. Das Ganze etwa 10 Min. köcheln lassen, dabei mehrmals umrühren, damit der Grieß nicht ansetzt. Vanilleschote und Zitronenschale entfernen.
Eier trennen, Eigelbe unter die Grießmasse ziehen. Eiweiße steif schlagen und unter den Pudding heben.
Große Puddingform (1 Liter Inhalt) oder 4 bis 8 kleine Förmchen mit kaltem Wasser ausspülen. Grießpudding einfüllen. Mit Klarsichtfolie abdecken, damit sich keine Haut bildet. Form oder Förmchen für 3 Std. kühl stellen.
Grießpudding anschließend stürzen und mit der Hagebuttensauce übergießen.

TIPP:
Zusätzlich Mandelstückchen unter den Pudding rühren.

Barbara Wichers Hoeth: »De Groenling op Rozenbottel« (Grünling auf Hagebutte) – Radierung – 16 x 12 cm

Waterzooi

Für 4 Personen – Zubereitungszeit: 40 Min.

2 Schalotten
2 Stangen Lauch
5 Stangen Staudensellerie
2 große Karotten
40 g Butter
1 Lorbeerblatt
2 TL frisch gehackter Thymian
600 g Fischfilets (Rotbarsch, Seelachs oder Kabeljau)
350 ml Fischfond (aus dem Glas)
200 g Sahne
Salz & Pfeffer aus der Mühle

Schalotten schälen und grob hacken. Lauch putzen, waschen und in feine Streifen (Julienne) schneiden. Sellerie putzen, waschen und grob würfeln. Karotten schälen und in dünne Scheiben schneiden.
Butter in einer Pfanne erhitzen und die Schalotten mitsamt allem Gemüse, Lorbeerblatt und Thymian in 10 bis 15 Min. bissfest dünsten.
Inzwischen die Fischfilets sorgfältig entgräten. Fischfond erhitzen und die Fischfilets etwa 10 Min. darin pochieren. Herausnehmen und in Alufolie warm halten. Die Kochflüssigkeit stark einkochen lassen, Sahne zufügen, mit Salz und Pfeffer würzen und noch kurz köcheln lassen.

Gemüse in 4 tiefe Teller geben und jeweils ein Stück Fisch darauflegen. Großzügig mit Sauce übergießen. Dazu schmecken gekochte Kartoffeln.

TIPP:
Die Sauce kann, falls gewünscht, mit einem Saucenbinder eingedickt werden, sie sollte aber eigentlich ziemlich dünn und wässrig sein, schließlich bedeutet »Waterzooi« in etwa »Wassersud« oder »Wasserzeugs«! Es gilt als flämisches Nationalgericht und wird auch mit Hühnerfleisch zubereitet.

Barbara Wichers Hoeth: »Twee jonge Meerkoeten II« (Zwei junge Blässhühner) – Radierung – 9 x 15 cm

Waterzooi – »Wasserzeugs«
Die Blässhühner haben wieder ein Nest neben unserem Schiff gebaut. Alles, was in der Gracht herumtreibt, wird gebraucht: ein Plastikbecher, ein Stück Absperrband, Einwickelpapier von einem Schokoriegel, eine alte Rose … gleich müssen die kleinen Flaumkugeln aus dem Nest und mit ungeschickten großen Füßen durch dieses Wasserzeugs stolpern.
Barbara Wichers Hoeth

Reibekuchen

Für 4 Personen – Zubereitungszeit: 30 Min.

150 g Comté (franz. Rohmilchkäse)
1 kg festkochende Kartoffeln
2 Zwiebeln
2 Eier
75 g Mehl
Salz & Pfeffer aus der Mühle
Butter zum Ausbacken

Käse grob reiben. Kartoffeln sowie Zwiebeln schälen und jeweils ebenfalls grob reiben.
Eier und Mehl in einer großen Schüssel gut verquirlen. Mit Salz und Pfeffer würzen. Kartoffeln, Zwiebeln und Käse gründlich untermischen. Nochmals kräftig salzen und leicht pfeffern.
Etwas Butter in einer Pfanne erhitzen und ein Viertel der Kartoffelmasse darin zu einem großen, nicht zu dicken Reibekuchen backen. Auf Küchenpapier legen und im Ofen bei 100 °C warm halten. Weitere 3 Reibekuchen ausbacken. Die Reibekuchen heiß servieren und einen gemischten Salat dazu reichen.

Winterspaziergang bei Groesbeek
Wir hören Sommergoldhähnchen rufen, sehr hoch, oben in den Kiefern. Man bekommt sie selten zu Gesicht, die kleinsten Vögel Europas!
Abends essen wir Reibekuchen, ein regionales Gericht. Es ähnelt dem schweizerischen Rösti. So ein Gericht scheint auch zu reisen und verändert sich Stück für Stück von Region zu Region.
Barbara Wichers Hoeth

Barbara Wichers Hoeth: »Vuurgoudhaantje« (Sommergoldhähnchen) – Radierung – 15 x 12 cm

Auberginen mit Parmesan

Für 4 Personen – Zubereitungszeit: 1 Std. 30 Min.

2 große Auberginen (ca. 750 g)
Meersalz
Pfeffer aus der Mühle
1 große Zwiebel
2 Knoblauchzehen
5 EL Olivenöl
3 TL getrockneter Oregano
800 g fein gewürfelte Tomaten (aus der Dose)
2 Zweige Thymian
1 Schuss Weißweinessig
1 TL Zucker
2 EL frisch gehacktes Basilikum
6 EL Semmelbrösel
150 g frisch geriebener Parmesan
2 Kugeln Mozzarella, in Scheiben

Auberginen putzen, waschen und in 0,5 cm dicke Scheiben schneiden. Nebeneinander auf eine Platte legen. Leicht salzen und pfeffern, dann mit Alufolie abdecken. Die Auberginen etwa 1 Std. Wasser ziehen lassen.
Zwiebel sowie Knoblauch schälen und fein hacken. 2 Esslöffel Olivenöl in einer großen Pfanne erhitzen und Zwiebel sowie Knoblauch darin gemeinsam mit 1 Teelöffel Oregano goldbraun braten. Tomaten und Thymian dazugeben und das Ganze zugedeckt 30 Min. bei niedriger Hitze köcheln lassen. Essig, Zucker sowie Basilikum einrühren und die Sauce vom Herd nehmen.
Auberginenscheiben mit Küchenpapier trocken tupfen und in einer Grillpfanne ohne Fettzugabe portionsweise goldbraun braten.
Den Backofen auf 180 °C (Umluft 160 °C) vorheizen.
Restliches Olivenöl, restlichen Oregano und Semmelbrösel in einer Schüssel gut vermischen. In eine Auflaufform zuerst eine dünne Schicht Tomatensauce geben, großzügig mit Parmesan bestreuen und eine Schicht Auberginenscheiben darübergeben. Vorgang wiederholen, bis Tomatensauce, Parmesan und Auberginen aufgebraucht sind, mit Parmesan abschließen. Die Semmelbröselmasse darauf verteilen und alles mit Mozzarellascheiben belegen. Das Gericht 20 bis 30 Min. im Ofen garen.

Heiß servieren und einen Salat oder frisch gekochte Nudeln dazu reichen.

Hinweis:
Melanzane alla parmigiana, wie der Auflauf im Italienischen genannt wird, ist eine Spezialität aus Neapel und Sizilien.

Monique van Stokkum: »Kokkin 4« (Köchin 4) – Öl auf Holz – 57 x 48 cm

Saoto-Suppe – *für Noor*

Für 4 Personen – Zubereitungszeit: 45 Min.

Für die Suppe:
2 l Hühnerbrühe
3 cm Laoswurzel
2 cm frische Ingwerwurzel
1 Stängel Zitronengras
1 Zwiebel
1 Madame Jeanette-Schote*
700 g Hähnchenschenkel
3 Knoblauchzehen, geschält
2 Salam Blätter (indonesisches Lorbeerblatt
5 Lontaikörner (Piment)

Für die Garnitur:
4 Eier
200 g Sojasprossen
2 Stangen Staudensellerie
1 Madame Jeanette-Schote
5 Schalotten
2 Knoblauchzehen
2 EL Pflanzenöl
1 Packung So-eon**
6 EL Ketjap

Hühnerbrühe zum Kochen bringen. Laos und Ingwer schälen und in grobe Stücke schneiden. Zitronengras plätten, Zwiebel schälen und halbieren. Madame Jeanette-Schote halbieren, entkernen und vierteln. Alle Zutaten für die Suppe in die Brühe geben und ca. 30 Min. kochen lassen.
Danach die Hähnchenschenkel herausnehmen und das Fleisch von den Knochen lösen. Fleisch klein schneiden oder zerfasern. Für die Garnitur Eier hart kochen und schälen, Sojasprossen waschen und Sellerie klein schneiden. Chilischote halbieren, entkernen und fein hacken. Schalotten und Knoblauch schälen, fein hacken und im Öl glasig braten. Auf Küchenpapier abtropfen lassen.

In 4 Suppenschalen je eine Handvoll Sojasprossen, ein Ei, gebratene Zwiebeln und Knoblauch geben, einen Löffel Hähnchenfleisch und zwei große Löffel Vermicelli. Jeweils Brühe darübergießen. Mit Sellerie und Chilischote garnieren. Mit etwas Ketjap (indonesische Sojasauce) beträufeln.

** sehr scharfe Chilischote*
*** gebratene Vermicelli (Fadennudeln), als Fertiggericht erhältlich*

Wenn wir nach dem Flug nach Paramaribo (Surinam) mit unserer Crew noch etwas bei Het Vat gegenüber von unserem Hotel trinken, nimmt fast die gesamte Besatzung Nasi mit Saté und ein Bier dazu. Nach einem so langen Flug ist mir mehr nach einem etwas leichteren Gericht und ich nehme lieber die Saoto-Suppe … mit Ei … darauf will ich dann doch nicht verzichten!
Wiebke van der Scheer

Monique van Stokkum: »Kokkin met Pan« (Köchin mit Topf) – Öl auf Leinwand – 30 x 30 cm

Clamchowder (Muschelsuppe)

Für 2 Personen – Zubereitungszeit: 45 Min.

1 kg Venusmuscheln (Vongole)*
150 ml Weißwein
1 Zwiebel
2 Kartoffeln
1 großer Stängel Staudensellerie
50 g Speckwürfel
1 EL frisch gehackter Thymian
Salz & Pfeffer aus der Mühle
2 EL Mehl
1 l Fischfond (aus dem Glas)
200 g Sahne
Worcestershiresauce
frische Petersilie oder Schnittlauch

Muscheln gründlich abbrausen. Tropfnass in einen großen Topf geben. Weißwein zufügen und die Muscheln zugedeckt so lange kochen lassen, bis sie sich öffnen. Abgießen und Kochflüssigkeit dabei auffangen. Das Fleisch aus den Muscheln lösen und grob hacken. Muscheln, die sich beim Kochen nicht geöffnet haben, aussortieren und wegwerfen.
Zwiebel sowie Kartoffeln schälen und fein würfeln. Sellerie putzen und in kleine Stücke schneiden. Speckwürfel in einem Topf ausbraten. Zwiebel- und Kartoffelwürfel in dem Fett anschwitzen, bis sie leicht gebräunt sind. Sellerie und Thymian dazugeben, mit Salz und Pfeffer würzen. Mehl mit etwas Muschelsud glatt rühren. Restlichen Sud, Fischfond, Sahne und angerührtes Mehl in den Topf geben. Gut umrühren und kurz köcheln lassen, bis das Gemüse gar ist und die Suppe ein wenig eindickt. Zum Schluss das Muschelfleisch zugeben und bei geringer Hitze erwärmen. Die Suppe darf nicht mehr kochen! Den Clamchowder mit etwas Worcestersauce würzen.
Die Suppe auf 4 Schalen verteilen und mit frisch gehackter Petersilie oder Schnittlauchröllchen bestreuen. Frisches Weißbrot dazu reichen.

TIPP:
Die Suppe in einem ausgehöhlten runden Brot servieren!

** Herzmuscheln eignen sich ebenfalls gut!*

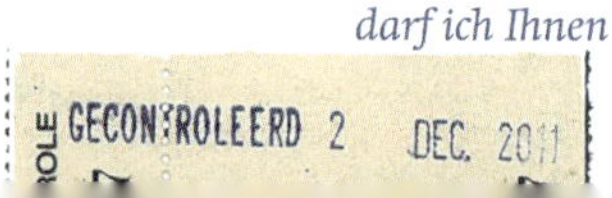

Tamar Rubinstein: »God is busy, may I help you?« (Gott ist gerade beschäftigt, darf ich Ihnen helfen?) – Collage auf Papier – 36 x 26 cm

CONTROLE
129
BETAALD
129
datum
verk.
33300- 2
4 004360 897207
Wilt u bij reclamatie of omruiling deze koopbon meebrengen.
sigel Expres nr. 40925
PA3DLS
"God is busy, may I help you?"
Tamar Rubinstein 2011

Pan bagnat

Für 4 Personen – Zubereitungszeit: 45 Min.; Kühlzeit: 1 Std.

2 rote Paprikaschoten
2 Eier
1 Aubergine
3 EL Olivenöl
Salz & Pfeffer aus der Mühle
200 g Rinderfilet*
1 Knoblauchzehe, gehackt
1 Schuss Balsamico
1 Baguette
3 EL frisch gehacktes Basilikum
1 rote Zwiebel, in Ringen
schwarze Oliven, entsteint
1 TL Kapern

Paprikaschoten halbieren, waschen, entkernen und in dicke Streifen schneiden. Kurz in kochendem Wasser garen und dann abgießen. Eier hart kochen, abschrecken, schälen und würfeln. Aubergine der Länge nach in 0,5 cm dicke Scheiben schneiden. 2 Esslöffel Olivenöl in einer Pfanne erhitzen und die Auberginenscheiben darin auf beiden Seiten goldbraun braten. Auf Küchenpapier abtropfen lassen und mit Salz und Pfeffer bestreuen. Rinderfilet in derselben Pfanne auf beiden Seiten kurz braten, mit Salz und Pfeffer würzen und danach in Streifen schneiden. Knoblauch und abgetropfte Paprikastreifen in der Pfanne anbraten, mit Balsamico ablöschen, salzen und pfeffern.
Baguette längs halbieren und jede Hälfte mit 1 Teelöffel Olivenöl beträufeln. Die untere Hälfte mit Auberginenscheiben, Paprika- und Rinderfiletstreifen, Eiwürfeln, Oliven, Kapern, Zwiebelringen und Basilikum belegen. Die obere Hälfte auflegen und vorsichtig andrücken. Das Ganze fest in Klarsichtfolie wickeln und für mindestens 1 Std. kühl stellen. Dabei mit einem Holzbrett oder einer Pfanne beschweren.

** Das Rinderfilet kann auch durch Thunfisch aus der Dose ersetzt werden.*

Pan Bagnat (okzitanisch, Spezialität aus der Region Nice) bedeutet »gebadetes Brot« und schmeckt am leckersten, wenn man es ein paar Stunden vor dem Verzehr zubereitet und zu einer Wanderung oder einem Picknick mitnimmt!

Tamar Rubinstein: »Traagbaar Landschap met Koffie« (Tragbare Landschaft mit Kaffee) – Collage auf Papier – 33 x 27 cm

Draagbaar Landschap met koffie Tamar Rubinstein 2011

Pappardelle mit Garnelen

Für 4 Personen – Zubereitungszeit: 1 Std.

500 g ungeschälte, rohe Garnelen
4 Knoblauchzehen, in Scheiben
1 EL Tomatenpüree (aus Karton oder Flasche)
1 TL edelsüßes Paprikapulver
Schalenstreifen von 1 unbehandelten Orange
Olivenöl
1 Schuss Cognac
1 Schuss Pastis (Anisschnaps)
75 ml Weißwein
Salz & Pfeffer aus der Mühle
250 g Sahne
400 g Pappardelle (breite Bandnudeln)
1 Bund grüner Spargel, in Stücken

Garnelen aufbrechen, schälen und die Schalen in eine Pfanne geben. Die Hälfte des Knoblauchs, Tomatenpüree, Paprikapulver, Orangenschale sowie einen kräftigen Schuss Olivenöl zu den Schalen geben.

Die Schalen bei kräftiger Hitze unter Rühren anrösten. Den Cognac hinzugeben und zum Flambieren anzünden. Sobald das Feuer erloschen ist, dasselbe mit dem Pastis wiederholen. Schalen nicht zu lange brennen lassen. Mit Weißwein und ca. 70 ml Wasser ablöschen. Mit Salz und Pfeffer würzen. Schalen etwa 20 Min. köcheln lassen, damit ein kräftiger Sud entsteht.

Schalen abseihen und Kochsud in einen kleinen Topf gießen. Sahne zufügen und die Flüssigkeit um die Hälfte einkochen lassen. Eventuell nochmals salzen und pfeffern.
Inzwischen die Nudeln in reichlich Salzwasser garen. 5 Min. vor Garende die Spargelstücke hinzugeben. Bei frischen Nudeln zuerst den Spargel kochen und zum Ende die Nudeln zufügen.
Nudeln mitsamt Spargel abgießen und warm halten. Garnelen bei starker Hitze zusammen mit restlichem Knoblauch in etwas Olivenöl braten, bis sie schön rosa sind.

Nudeln mit Spargel in einer vorgewärmten Schüssel mit Sauce und Garnelen vermengen. Sofort servieren. Frisches Weißbrot dazu reichen, damit man die Sauce vom Teller tunken kann.

Hinweis: Die Zubereitung der Sauce dauert ein wenig, aber bei dem besonderen Geschmack lohnt sich der Zeitaufwand allemal!

Tamar Rubinstein: »Geldig Reisdokument« (Gültiges Reisedokument) – Collage auf Papier – 21 x 16 cm

GELDIG REISDOKUMENT
GECONTROLEERD
TR '12
AUTENTICI
AMARETTI
AUTENTICI

Aline Jansma: »Wedstrijdbad« (Wettkampfbad) – Öl auf Holz – 17 x 30 cm

PTE
25

Falafel

Für 8–12 Falafelbällchen – Zubereitungszeit: 40 Min.; Einweichzeit: 6 Std.

- 425 g getrocknete Kichererbsen
- 2 Knoblauchzehen
- 2 EL frische gehackte Petersilie
- 2 EL frisch gehackter Koriander
- 1 EL frisch gehackte Minze
- 1 TL Kumin (Kreuzkümmel)
- 1 TL Chilipaste*
- 1 TL Salz
- Pfeffer aus der Mühle
- 2 EL Semmelbrösel
- 750 ml Sonnenblumen- oder Olivenöl

Für die Sauce:

- 1 Knoblauchzehe
- 1 EL frisch gehackte Petersilie
- 3 EL Quark (20 % Fettgehalt)
- Salz & Pfeffer aus der Mühle

Kichererbsen in einem Sieb waschen, in einer Schüssel mit Wasser bedecken und mindestens 6 Std. einweichen lassen. Abgießen und abtropfen lassen, dann in einer Küchenmaschine zu einer glatten Paste verarbeiten. Knoblauch schälen, fein hacken und zusammen mit Kräutern, Gewürzen sowie Semmelbröseln unter die Kichererbsenmasse mischen.

Aus der Masse mit angefeuchteten Händen 8 bis 12 Bällchen formen. 30 Min. lang ins Eisfach legen, bis sie fest sind. Sonnenblumen- oder Olivenöl in einem Topf oder Wok erhitzen. Das Öl ist heiß genug, wenn ein Stück Brot in 30 Sek. braun wird. Die Bällchen darin portionsweise 2 bis 3 Min. frittieren, bis sie schön braun sind. Mit einem Schaumlöffel herausnehmen und auf Küchenpapier abtropfen lassen.

Für die Sauce den Knoblauch schälen, durchpressen und mit restlichen Saucenzutaten gut vermischen.

Die Falafel heiß oder kalt zusammen mit Pitabrot und der Sauce servieren. In gut verschließbaren Plastikbehältern können sie problemlos zu einem Picknick mitgenommen werden.

** Wer nicht gerne scharf isst, kann die Chilipaste auch weglassen.*

J.T. Winik: »Vagabond chef« (Vagabundenanführer) – Öl auf Leinwand – 30 x 30 cm

Shortbread – von Martha Rose

Für 8 große Kekse – Zubereitungszeit: 35 Min.; Backzeit 20 Min.

110 g Butter
50 g Zucker
1 EL Vanillezucker
1 Prise Salz
175 g Mehl
Zucker zum Bestreuen

Für die Glasur:
90 g Puderzucker
1 EL Milch
1 EL Vanille-Extrakt
15 g weiche Butter

Butter zerlassen und mit Zucker, Vanillezucker und Salz in einer großen Schüssel verquirlen. Mehl hinzufügen und mischen, bis der Teig geschmeidig ist und sich zu einer Kugel formen lässt. Den Teig zu einem 1 cm dicken, etwa 24 x 8 cm großen Rechteck ausrollen und in ca. 8 lange Streifen schneiden. Mit Zucker bestreuen und für 20 Min. in den Kühlschrank stellen.

Den Backofen auf 180 °C (Umluft 160 °C) vorheizen.

Ein Blech mit Backpapier belegen. Shortbread darauf verteilen, mit einer Gabel mehrmals einstechen und in 15 bis 20 Min. hellbraun backen. Kurz abkühlen lassen.

Für die Glasur alle Zutaten in einem Mixer mischen und das Gebäck großzügig damit bestreichen.

Köstlich zum Tee!

TIPP:
Den Teig kann man im Voraus zubereiten und in der Gefriertruhe aufbewahren. Die klassische Form von Shortbread sind quaderförmige, fingerlange Stücke, die sogenannten »Fingers«. Sie können den Teig aber beliebig formen, er sollte nur nicht dicker als 1 cm sein, sonst bäckt er nicht gut durch.

J.T. Winik: Seated girl 1« (Sitzendes Mädchen 1) – Öl auf Leinwand – 50 x 39 cm

Tortilla española

Für 4 Personen – Zubereitungszeit: 50 Min.

- 1 kg festkochende Kartoffeln
- 1 Zwiebel
- 2 Knoblauchzehen
- ½ Chilischote
- 6 EL Olivenöl
- 4 Eier
- 2 EL Milch
- ½ TL Salz
- 1 TL Backpulver
- 4 EL frisch gehackte Kräuter*

Kartoffeln schälen und 1,5 cm große Würfel schneiden. Zwiebel und Knoblauch schälen und fein hacken. Chilischote entkernen und ebenfalls fein hacken.

Olivenöl in einer beschichteten Pfanne erhitzen und Kartoffeln, Knoblauch sowie Zwiebel bei geringer Hitze darin anbraten. Nach 5 Min. Chilischote hinzufügen. Gelegentlich umrühren, damit die Kartoffeln nicht zu braun werden. Nach etwa 15 Min., wenn die Kartoffeln gar sind, das überschüssige Öl in eine hitzebeständige Schüssel gießen und aufbewahren. Kartoffeln in eine Schüssel geben und abkühlen lassen.

Eier, Milch, Salz und Backpulver in einer Schüssel verquirlen. Abgekühlte Kartoffeln und frische Kräuter hinzufügen. Gut durchmischen.

Zurückbehaltenes Olivenöl erneut in der Pfanne erhitzen und Kartoffel-Ei-Mischung hineingeben. Tortilla bei geringer Hitze auf einer Seite goldbraun braten. Pfanne ab und zu schütteln und mit einem Spatel am Rand entlangfahren, damit nichts ansetzt. Wenn sich die Tortilla fest anfühlt, überschüssiges Fett abgießen und die Tortilla mit Hilfe eines Tellers wenden. Überschüssiges Öl wieder in die Pfanne geben und die andere Seite der Tortilla noch 5 bis 10 Min. bei geringer Hitze braten.

Auf einen Teller gleiten lassen und einen guten spanischen Wein dazu reichen!

** Thymian, Rosmarin, Schnittlauch, Minze, Basilikum oder Petersilie.*

J.T. Winik: »King Oscarito« (Kleiner König Oskar) – Öl auf Leinwand – 37,5 x 30 cm

Sarawak Curry

Für 4 Personen – Zubereitungszeit: 30 Min.; Schmorzeit: 2 Std.

1 küchenfertiges Brathuhn (ca. 1,5 kg)

Für die Gewürzmischung:
1 EL Anissamen
3 EL Koriander, gemahlen
2 EL Kumin (Kreuzkümmel), gemahlen
2 EL Chili, gemahlen

12 Schalotten
4 Knoblauchzehen
3 cm frische Ingwerwurzel
1–2 rote Chilischoten
4 EL Olivenöl
800 ml Kokosmilch
1 Zimtstange
1 Stängel Zitronengras
Salz & Pfeffer aus der Mühle

Garnierung:
frisches Koriandergrün
fein gehackte Erdnüsse

Das Huhn enthäuten und in 6 Teile zerlegen. Anissamen in einem Mörser zerreiben und mit den übrigen gemahlenen Gewürzen vermengen.
Schalotten, Knoblauch und Ingwer schälen. Mitsamt den Chilischoten in einem Mixer grob zerkleinern. Olivenöl in einem großen Topf erhitzen und die Schalotten-Knoblauch-Mischung darin bei geringer Hitze gut durchbraten. Eventuell etwas Wasser zufügen, falls das Ganze anzusetzen droht. Je gründlicher die Mischung durchgebraten ist, desto schmackhafter wird das Hähnchen.
Gewürzmischung hinzugeben und gut durchrühren. Temperatur etwas erhöhen und die Hühnerstücke 3 bis 5 Min. anbraten. Etwas Öl oder einen Schuss Wasser hinzugeben, falls das Fleisch ansetzt. Kokosmilch, Zimtstange und Zitronengras zufügen. Zugedeckt 1,5 Std. leise köcheln lassen. Mit Salz und Pfeffer würzen. Zimtstange und Zitronengras vor dem Servieren entfernen.

Jede Portion mit Koriandergrün und Erdnüssen garnieren. Frisch gekochten Basmatireis dazu reichen.

Hinweis: Sarawak ist ein Bundesstaat von Malaysia. Von dort stammt dieses schmackhafte Currygericht.

Andrea Letterie: »Tulpen in Oranje kan« (Tulpen in Orange sind möglich) – Mischtechnik auf Holz – 50 x 55 cm

Letterie

Bread and Butter Pudding (Scheiterhaufen)

Für 4–6 Personen – Zubereitungszeit: 15 Min.; Backzeit: 30 Min.

- etwas Butter für die Form
- 300 g Brioche-oder Rosinenbrot
- 50 g weiche Butter
- 2 EL Aprikosenmarmelade
- 80 g Rosinen
- 1 EL Zimtpulver
- 1 Prise frisch geriebene Muskatnuss
- 300 ml Milch
- abgeriebene Schale und Saft von 1 unbehandelten Orange
- 3 Eier
- 80 g Zucker
- 1 Päckchen Vanillezucker
- Puderzucker zum Bestäuben

Den Backofen auf 180 °C (Umluft 160 °C) vorheizen.

Eine runde Auflaufform einfetten. Brioche- oder Rosinenbrot zuerst in Scheiben, dann in grobe Dreiecke schneiden. Mit Butter und Aprikosenmarmelade bestreichen. Die Dreiecke dachziegelartig in die Form schichten, dabei zwischendrin mit Rosinen, Zimt und Muskat bestreuen.

Milch, Orangenschale sowie -saft, Eier, Zucker und Vanillezucker gründlich verquirlen und die Masse über die Dreiecke in der Form gießen.
Den Scheiterhaufen in etwa 30 Min. goldbraun backen. Noch heiß mit Puderzucker bestäuben.

Selbst gemachtes Aprikosenkompott (siehe Rezept Seite 138) oder Vanillesauce dazu reichen.

TIPP:
Die Hälfte der Milch durch Sahne ersetzen. Falls keine Kinder mitessen, die Eiermilch mit 2 Esslöffeln Rum aromatisieren.

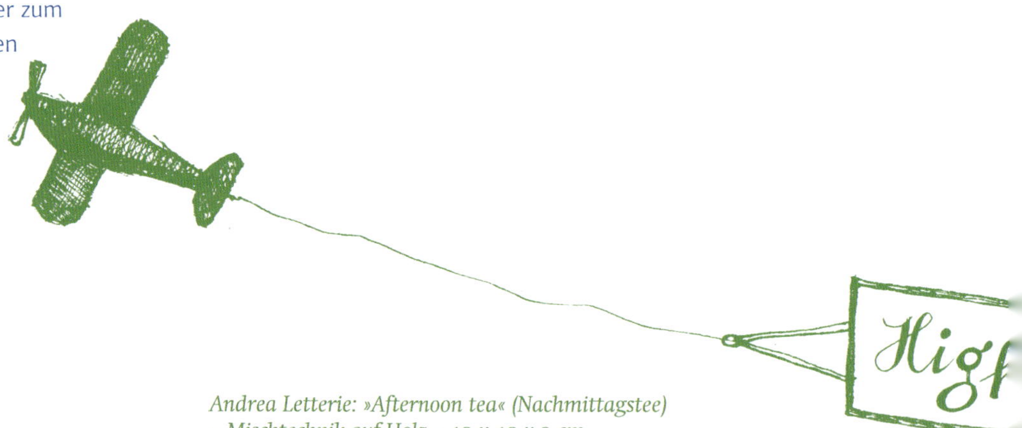

Andrea Letterie: »Afternoon tea« (Nachmittagstee) – Mischtechnik auf Holz – 12 x 12 x 3 cm

ea

FLIGHT	DATE	FROM	TO	DEPARTURE	GATE	BOARDING	CLASS	SEAT
KL0597	20JUN	AMSTERDAM	CAPE TOWN	10:05	~~unknown~~ F3	08:50	M	20D

ECONOMY CLASS

Verify terminal and gate at airport

NME: MIJER
PNR: YAUQ6K
20JUN KL/78 AMS
1/15 DOP81KL
KL597 CPT
0074 KL 819553

Boboti aus Südafrika

Für 4–6 Personen – Zubereitungszeit: 20 Min.; Garzeit: 45 Min.

- Butter für die Form
- 2 Scheiben altbackenes Weißbrot
- 200 ml Milch
- 2 Zwiebeln
- 3 EL Butter
- 1 kg Rinderhackfleisch
- Salz & Pfeffer aus der Mühle
- 2 säuerliche Äpfel
- 2 Eier
- 1 EL Currypulver
- ½ EL Gelbwurzelpulver (aus dem Asienladen)
- 2 EL brauner Zucker
- 2 EL milder Essig
- 3 große EL Aprikosenmarmelade*
- 100 g Rosinen
- 6 Lorbeerblätter

Den Backofen auf 180 °C (Umluft 160 °C) vorheizen.

Eine Auflaufform mit Butter ausfetten. Weißbrot entrinden und in der Hälfte der Milch einweichen. Zwiebeln schälen und fein hacken. Butter in einer großen Pfanne erhitzen und Zwiebeln darin glasig schwitzen. Hackfleisch mit einer Gabel lockern und kurz mitbraten. Kräftig mit Salz sowie Pfeffer würzen und in eine Schüssel geben. Brot ausdrücken und dazugeben. Äpfel schälen, vom Kerngehäuse befreien, würfeln und zufügen. Ein Ei, Gewürze, Zucker, Essig und Rosinen hinzufügen.

Das Ganze gründlich vermischen, in die Auflaufform füllen und die Lorbeerblätter aufrecht hineinstecken. 45 Min. im Backofen garen. Restliche Milch mit dem zweiten Ei verquirlen und nach 15 Min. Garzeit über das Boboti geben.

Dazu schmecken Reis mit Rosinen und natürlich ein südafrikanischer Rotwein.

** Siehe Rezept für Aprikosenmarmelade auf Seite 138.*

Andrea Letterie: »Groene Tafel met Kannetjes en Appel« (Grüner Tisch mit Kannen und Apfel) – Mischtechnik auf Holz – 55 x 50 cm

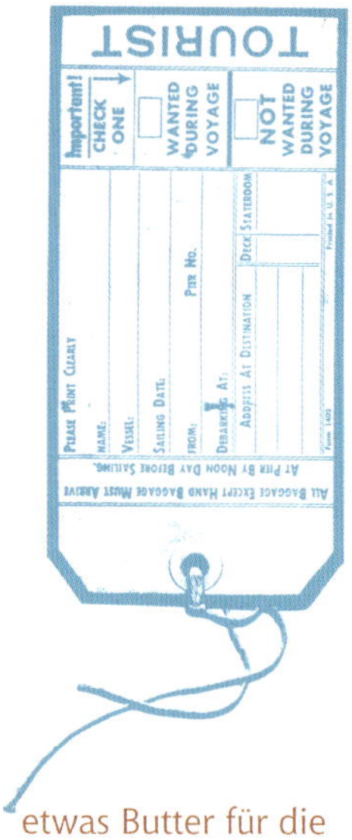

Brownies mit Nüssen

Für 8–10 Personen – Zubereitungszeit: 20 Min.; Backzeit 45–50 Min.

- etwas Butter für die Form
- 75 g Kakaopulver
- 75 g Mehl
- 1 TL Backpulver
- 250 g Butter
- 150 g Bitterschokolade (70 % Kakaoanteil)
- 100 g Walnusskerne
- 4 Eier
- 250 g brauner Zucker
- 1 TL Vanille-Extrakt

Den Backofen auf 160 °C Ober-/Unterhitze vorheizen.

Eine quadratische Backform (22 x 22 cm) mit Backpapier belegen und die Ränder ein wenig einfetten.
In einer großen Schüssel Kakaopulver, Mehl und Backpulver vermengen. Butter zerlassen. Bitterschokolade in Stücke brechen und in der Butter schmelzen. Walnusskerne grob hacken.
Eier mit Zucker und Vanilleextrakt 5 Min. lang schaumig schlagen. Gründlich unter die Kakao-Mehl-Mischung rühren. Dann die flüssige Schokobutter untermengen. Zum Schluss die Walnussstücke unterheben.

Den Teig in der Form verstreichen und 45 bis 50 Min. backen. Der Teig ist fertig, wenn er bei der Garprobe noch ein wenig klebt! Das Gebäck sollte noch leicht feucht sein. Auf einem Kuchengitter abkühlen lassen und dann in viereckige Brownies schneiden.

Mit Vanilleeiscreme, Crème fraîche oder Mangomousse (siehe Rezept Seite 98) schmecken die Brownies besonders lecker.

TIPP:
Bei diesem Gebäck keine Umluftthitze verwenden, sonst werden die Brownies zu trocken.

Annemarie Verschoor: »Noten« (Nüsse) – Öl auf Holz – 15 x 32 cm

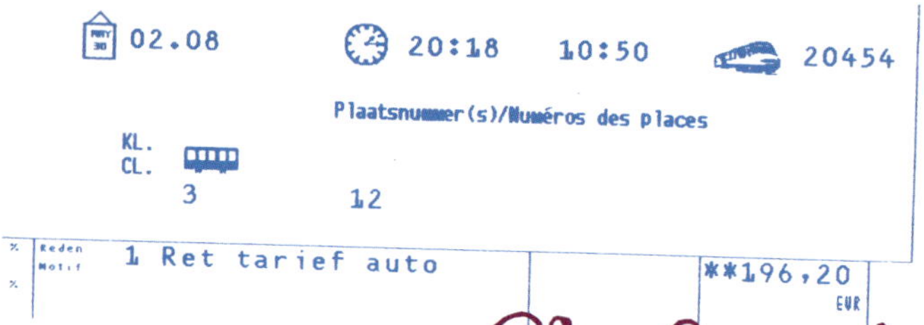

Clafoutis

Für 6 Personen – Zubereitungszeit: 15 Min.; Backzeit: 40–45 Min.

- etwas Butter für die Form
- 500 g entsteinte Süßkirschen
- 100 g Zucker
- 3 große Eier
- 1 Päckchen Vanillezucker oder
- 1 TL Vanille-Extrakt
- 100 g Mehl
- 1 Prise Salz
- 100 ml Milch
- 3 EL Sahne
- Puderzucker zum Bestäuben

Den Backofen auf 200 °C (Umluft 180 °C) vorheizen.

Eine Tarteform (25 cm Ø) leicht einfetten und die Kirschen auf dem Boden verteilen. Zucker, Eier und Vanillezucker oder -extrakt in etwa 3 Min. zu einer voluminösen Masse rühren. Mehl und Salz untermischen, danach Milch und Sahne.
Den Teig über die Kirschen gießen und die Form vorsichtig auf die mittlere Schiene des Backofens stellen. Den Clafoutis 40 bis 45 Min. backen. Ein Holzstäbchen in die Mitte des Kuchens stecken, um zu prüfen, ob er durchgebacken ist.
Den Clafoutis aus dem Ofen nehmen und kurz ruhen lassen. Dick mit Puderzucker bestäuben und warm oder kalt servieren.

TIPP:

Falls keine Kinder mitessen, können Sie dem Teig einen Schuss Kirschwasser zufügen. Traditionell wird Clafoutis mit Kirschen zubereitet, er schmeckt aber auch mit Himbeeren und/oder Brombeeren köstlich.

Annemarie Verschoor: »Kersen« (Kirschen) – Öl auf Holz – 15 x 32 cm

Salat mit Birnen und Zimtnüssen

Für 4 Personen – Zubereitungszeit: 40 Min.

Für die Zimtnüsse:
200 g Pekannüsse
1 Eiweiß
2 EL Zimtpulver
100 g Zucker
½ TL Salz
½ TL Pfeffer

Für den Salat:
3 Birnen
Butter für das Blech
1 TL Zucker
Salz & Pfeffer aus der Mühle
1 Kopfsalat
150 g Bleu d'Auvergne*

Für das Dressing:
50 ml Balsamico
100 ml naturtrüber Apfelsaft
25 ml Walnussöl
1 TL Honig
1 TL Zimtpulver
1 EL brauner Zucker
½ TL Salz
½ TL Pfeffer
1 Prise frisch geriebene Muskatnuss

Den Backofen auf 180 °C (Umluft 160 °C) vorheizen.

Pekannüsse halbieren. Eiweiß, Zimt, Zucker, Salz und Pfeffer in einer Schüssel mischen. Pekannüsse dazugeben und darin wenden, bis sie vollständig von der Mischung bedeckt sind. Nüsse auf Backpapier in den Ofen legen und 4 bis 5 Min. backen. Herausnehmen und abkühlen lassen.

Birnen waschen, halbieren, vom Kerngehäuse befreien und in Scheiben schneiden. Auf ein leicht gefettetes Backblech legen. Zucker mit ca. 50 ml Wasser verrühren und die Birnenscheiben damit bestreichen. Mit Salz und Pfeffer bestreuen und 8 bis 12 Min. im Backofen rösten. Herausnehmen und kurz abkühlen lassen.

Inzwischen den Salat putzen, waschen, trocken schleudern und in mundgerechte Stücke zupfen. Käse grob würfeln. Alle Zutaten für das Dressing vermischen; eventuell zusätzlich salzen und pfeffern.

Salat auf 4 Teller verteilen. Jeweils mit Birnenscheiben, Käsewürfeln sowie Zimtnüssen versehen und mit Dressing beträufeln.

** Französischer Blauschimmelkäse aus roher und pasteurisierter Kuhmilch, der besonders gut zu Nüssen passt. Natürlich können Sie ebenso gut einen anderen Blauschimmelkäse verwenden.*

TIPP:

Die Zimtnüsse sind auch sehr lecker zum Naschen! Bereiten Sie deshalb ruhig eine etwas größere Menge zu.

Wil Kroon: »Peren op blauw Bord« (Birnen auf blauem Teller) – Öl auf Leinwand – 60 x 50 cm

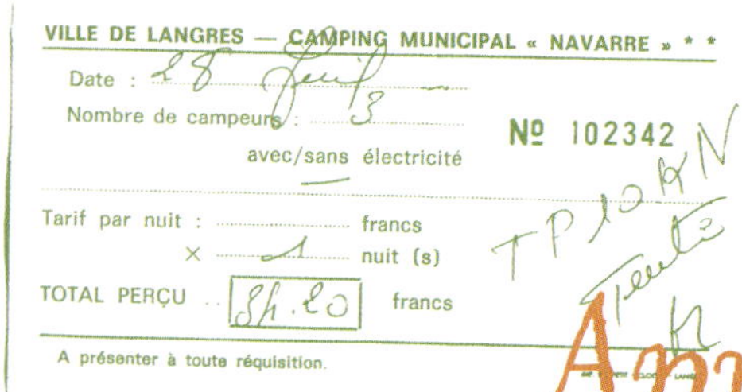
VILLE DE LANGRES — CAMPING MUNICIPAL « NAVARRE » * *
Date :
Nombre de campeurs :
avec/sans électricité
Nº 102342
Tarif par nuit : francs
× nuit (s)
TOTAL PERÇU 84.20 francs
A présenter à toute réquisition.

Aprikosenkompott & -marmelade

Für 4 Personen – Zubereitungszeit: 15 Min.; Kochzeit 5–10 Min.

Für das Kompott:
1 kg vollreife Aprikosen*
abgeriebene Schale von 1 unbehandelten Zitrone
200 g Zucker
Saft von 1 Zitrone
Grand Marnier oder Aprikosenlikör (optional)

Für die Marmelade:
1 kg vollreife Aprikosen
1 kg Gelierzucker

Für das Kompott die Aprikosen 2 Min. in kochendem Wasser blanchieren, eiskalt abschrecken, enthäuten, halbieren und entkernen. Zitronenschale, Zucker und 250 ml Wasser in einem großen Topf aufkochen lassen. Die Aprikosen zufügen und bei schwacher Hitze etwa 10 Min. kochen. Die Früchte sollten nicht zu stark zerfallen. Das Kompott mit Zitronensaft und nach Belieben mit Grand Marnier oder Aprikosenlikör aromatisieren.

Für die Marmelade die Aprikosen 2 Min. in kochendem Wasser blanchieren, eiskalt abschrecken, enthäuten, halbieren und entkernen. Das Fruchtfleisch klein schneiden und in einen Topf geben. Gelierzucker zufügen und gut mischen. Zum Kochen bringen und dann bei geringer Hitze ungefähr 5 Min. köcheln lassen. Je länger man die Marmelade kocht, desto dicker wird sie.

TIPP:
Das Kompott kann einige Tage im Kühlschrank aufbewahrt oder in verschließbaren Behältern eingefroren werden. Die Marmelade in sterilisierte Gläser füllen. Die Gläser nach dem Befüllen und Verschließen sofort einige Min. auf den Kopf stellen – es entsteht ein Vakuum, die Marmelade verdirbt weniger schnell und ist so auf jeden Fall ein Jahr haltbar.

** Pfirsiche oder Mangos schmecken als Kompott und Marmelade ebenfalls hervorragend.*

Dieses Rezept stammt von meiner Oma – das Kompott reichte sie immer zu einer Quarkspeise oder sie benutzte es als Füllung für einen Kuchen. Wenn wir in Frankreich waren, durfte ich oft mit ihr auf den Markt. Dort kaufte sie für wenig Geld überreife Früchte, aus denen wir einen ganzen Tag lang Kompott und Marmelade kochten.
Wiebke van der Scheer

Wil Kroon: »Abrikozen en Limoenen« (Aprikosen und Limonen) – Öl auf Leinwand – 50 x 60 cm

Schweinesteak mit Apfel-Mandel-Risotto

Für 4 Personen – Zubereitungszeit: 45 Min.

Für das Risotto:
1,5 l Gemüsebrühe
2 Äpfel
Saft von ½ Zitrone
3 Schalotten
100 g geschälte Mandeln
3 EL Olivenöl
500 g Risottoreis
100 ml Weißwein
50 g Butter
75 g frisch geriebener Parmesan
3 EL frisch gehackte Petersilie
Pfeffer aus der Mühle

Für das Fleisch:
1 Apfel
Saft von ½ Zitrone
40 g Butter
4 Schweinesteaks
Salz & Pfeffer aus der Mühle
1 kräftiger Schuss Calvados
100 g Sahne

Gemüsebrühe in einem Topf erhitzen. Äpfel schälen, vom Kerngehäuse befreien, in Stücke schneiden und mit Zitronensaft beträufeln. Schalotten schälen und fein hacken. Mandeln grob hacken. Olivenöl in einem großen Topf erhitzen und Schalotten darin anschwitzen. Risottoreis hinzufügen und rühren, bis die Körner von Öl überzogen sind. Mit Weißwein ablöschen. Einen Schöpflöffel Brühe angießen und unter Rühren verkochen lassen. Nächsten Schöpflöffel Brühe erst zufügen, wenn die Flüssigkeit vollständig von den Reiskörnern aufgesogen worden ist. Dabei ständig rühren. Nach 5 Min. die Äpfel hinzugeben, nach etwa 15 Min. die Mandeln. Die Gesamtkochzeit für den Risotto beträgt ungefähr 20 Min. Zum Schluss Butter, Parmesan und Petersilie unterziehen. Mit frisch gemahlenem Pfeffer bestreuen.

Mit der Zubereitung des Fleisches beginnen, wenn die erste Kelle Brühe über den Reis geschöpft ist. Apfel schälen, vom Kerngehäuse befreien, in Scheiben schneiden und mit Zitronensaft beträufeln. Die Hälfte der Butter in einer Pfanne erhitzen und die Apfelscheiben darin in ca. 10 Min. goldbraun braten. Herausnehmen und beiseite stellen.

Fleisch mit Salz und Pfeffer würzen. Restliche Butter in der Pfanne erhitzen und das Fleisch auf jeder Seite maximal 3 Min. braten. Mit Calvados ablöschen, die Temperatur reduzieren und noch 3 Min. schmoren lassen. Schweinesteaks aus der Pfanne nehmen und in Alufolie warm halten.
Apfelscheiben wieder in die Pfanne geben, Sahne zufügen und noch 5 Min. einkochen lassen.
Die Steaks zusammen mit Calvadossauce und Risotto servieren.

Barbara Mascini: »Het Diner« (Das Abendessen) – Öl auf Leinwand – 100 x 120 cm

Lasagne della Mascini

Für 4–6 Personen – Zubereitungszeit: 45 Min.; Garzeit 45 Min.

- 2 Zucchini
- 2 gelbe Paprikaschoten
- 5 EL Olivenöl
- 2 große Karotten
- 1 Bund Frühlingszwiebeln
- 4 Knoblauchzehen
- 750 g gemischtes Hackfleisch
- Pfeffer aus der Mühle
- Meersalz
- 1 TL getrockneter Thymian
- 1 TL getrockneter Rosmarin
- 50 ml Rotwein
- 800 g geschälte Tomaten (aus der Dose)
- 1 Spritzer Tabasco
- 3 EL frisch gehacktes Basilikum
- 500 g Ricotta
- ca. 400 g Lasagneblätter
- 300 g Parmaschinken, in Scheiben
- 300 g frisch geriebener Parmesan

Zucchini putzen, waschen und der Länge nach mit einem Käsehobel in dünne Scheiben schneiden. Paprikaschoten waschen, putzen und in grobe Streifen schneiden. Etwas Olivenöl in einer Grillpfanne erhitzen und Zucchinihobel sowie Paprikastreifen darin portionsweise grillen. Auf Küchenpapier abtropfen lassen. Den Backofen auf 175 °C (Umluft 155 °C) vorheizen.
Karotten schälen und fein würfeln. Frühlingszwiebeln putzen, waschen und in Röllchen schneiden. 3 Knoblauchzehen schälen und fein hacken. 3 Esslöffel Olivenöl in einer großen Pfanne erhitzen. Frühlingszwiebeln, Knoblauch und Karotten darin anschwitzen. Hackfleisch zufügen und krümelig braten. Mit Pfeffer, Salz, Thymian und Rosmarin würzen. Mit Rotwein ablöschen. Tomaten zufügen und mit einer Gabel zerdrücken. Tabasco und Basilikum unterrühren.
Restliche Knoblauchzehe schälen und durchpressen. Ricotta mit dem Knoblauch, Salz, Pfeffer, restlichem Olivenöl und etwas Wasser verrühren. Es sollte eine streichfähige Masse entstehen, eventuell mehr Wasser und Öl zufügen.

Eine Schicht Hackfleischsauce in eine Auflaufform (20 x 30 cm) geben. Darüber eine Lage Lasagneblätter, diese mit Ricotta bestreichen. Auf die Ricottaschicht eine Lage gegrilltes Gemüse und darauf einige Scheiben Parmaschinken geben. Vorgang wiederholen, bis alle Zutaten bis auf den Parmesan aufgebraucht sind. Mit einer Ricottaschicht abschließen und das Ganze mit Parmesan bestreuen. Die Lasagne etwa 45 Min. im Ofen garen.

TIPP:
Sollte die Oberseite zu schnell braun werden, die Form mit Alufolie abdecken.

Barbara Mascini: »La Palanzo« (Palanzo) – Öl auf Holz – 25 x 35 cm

»Ich liebe Italien. Mein Ururgroßvater kommt ursprünglich aus dem kleinen norditalienischen Dorf Palanzo. Diese Lasagne ist ein Rezept aus unserer Familie. Sie ist unglaublich lecker und allein beim Gedanken daran läuft mir das Wasser im Mund zusammen. Der Geschmack des Parmaschinkens in Kombination mit gegrilltem Gemüse und Ricotta ist einfach köstlich.«
Barbara Mascini

Garnelenbonbons

Für 15 Stück – Zubereitungszeit: 15 Min. *– von Mirella*

100 g Garnelen in Salzlake (aus dem Kühlregal)
100 g Doppelrahm-frischkäse
1 EL Schnittlauchröllchen
Salz & Pfeffer aus der Mühle
75 g Pistazien, fein gehackt

Garnelen abtropfen lassen und fein hacken. Mit Frischkäse und Schnittlauch vermischen, mit Salz und Pfeffer abschmecken. Aus der Masse von Hand kleine Kugeln rollen und diese in den gehackten Pistazien wälzen.

Bis zum Verzehr kühl stellen.

Bon appétit!

Diese Bonbons macht meine Französischlehrerin Mirella oft bei ihren »apéritifs dînatoire«, die sie extra für ihre Schüler organisiert. Und alle sind immer ganz verrückt danach!
Diana de Bruin

Diana de Bruin: »Hollandse Haven« (Holländischer Hafen) – Öl auf Leinwand – 30 x 30 cm

Sommergemüse
mit Ziegenkäse

Für 4 Personen – Zubereitungszeit: 20 Min.

- 200 g frische Markerbsen
- 3 kleine Zucchini
- 2 Knoblauchzehen
- 2 Zweige Minze
- 100 g Ziegenfrischkäse
- 3 EL Olivenöl
- Salz & Pfeffer aus der Mühle

Erbsen enthülsen und in wenig Wasser in ca. 10 Min. bissfest kochen.
Zucchini putzen und waschen, dann in fingerlange, mitteldicke Stücke schneiden. Knoblauch schälen und in dünne Scheiben schneiden. Minze waschen, Blätter von den Stielen zupfen und fein hacken. Ziegenkäse in Stücke bröckeln.
Olivenöl in einer Pfanne erhitzen und Knoblauch sowie Zucchini darin anbraten. Nach etwa 2 Min. die Erbsen zufügen. Gemüse ab und zu wenden, bis die Zucchini leicht Farbe nehmen. Mit Salz und Pfeffer würzen. Minze unterrühren.
Die Pfanne vom Herd nehmen und das Gemüse mit Ziegenkäse bestreuen. Sofort servieren.

TIPPS:

Frische Markerbsen erhalten Sie ab Juli auf Märkten. Bestreuen Sie das Gemüse zusätzlich mit gerösteten Pinienkernen.

Diana de Bruin: »Hollandse Groentenkraam« (Holländischer Gemüsestand) – Öl auf Holz – 30 x 30 cm

VANKERKWIJK/STANJA 062
BRISTOL
AMSTERDAM/AMS
ETKT10742486174069
03522K147148

Stanjas Schokoladenmousse

Für 4 kleine Portionen – Zubereitungszeit: 30 Min.; Kühlzeit: 3 Std.

200 g Bitterschokolade (70 % Kakaoanteil)
4 Eiweiß
2 Eigelb
30 g feiner Zucker
150 g Sahne

Bitterschokolade zerbröckeln und im Wasserbad schmelzen. Beiseite stellen und ein wenig abkühlen lassen.
Inzwischen Eiweiße sehr steif schlagen. Eigelbe zusammen mit Zucker in einer Schüssel 3 Min. lang schaumig schlagen. Sahne ebenfalls steif schlagen.
Leicht abgekühlte flüssige Schokolade unter die Eigelbmasse ziehen. Schlagsahne vorsichtig unterheben und zum Schluss den Eischnee behutsam unterschlagen. Vorsicht! Die Mousse schlagen, nicht rühren, sonst entweicht die Luft und damit das Volumen.
Die Mousse in 4 Förmchen füllen und für mindestens 3 Std. in den Kühlschrank stellen.

TIPPS:

Nach Belieben mit Marshmallows oder frischer Minze garnieren.
Vor dem Servieren mit vollreifen Himbeeren belegen.

Nicole Ladrak: »Chocoladenmousse« (Schokoladenmousse) – Textil – 100 x 80 cm

ROOM

Nicole Ladrak: »Pasta met Vis« (Nudeln mit Fisch) – Textil – 60 x 140 cm

Gazpacho

Für 4 Personen – Zubereitungszeit: 30 Min.; Kühlzeit: 4 Std.

- 10 vollreife mittelgroße Tomaten
- 1 rote Paprikaschote
- 1 Salatgurke
- 1 kleine Gemüsezwiebel
- 2 Knoblauchzehen
- 1 kleine rote Chilischote (optional)
- 3 Scheiben altbackenes Weißbrot
- 50 ml Sherryessig
- 75 ml Olivenöl
- 250 ml kalte Gemüsebrühe
- Salz & Pfeffer aus der Mühle
- Zucker
- Basilikumzweige oder Koriandergrün zum Garnieren

Reichlich Wasser zum Kochen bringen. Tomaten oben über Kreuz einritzen, auf einem Schaumlöffel einzeln für 10 Sek. in das kochende Wasser halten und dann enthäuten. Tomaten vierteln und entkernen. Paprikaschote ebenfalls ins kochende Wasser halten und anschließend die Haut abziehen. Halbieren, entkernen und in grobe Stücke schneiden. Gurke, Gemüsezwiebel sowie Knoblauch schälen und grob zerkleinern. Chilischote halbieren, entkernen und grob hacken. Weißbrot entrinden und grob würfeln.

Alle Gemüsesorten, Weißbrot, Essig, Öl und Brühe in einen Mixer geben und das Ganze fein pürieren oder mit einem Pürierstab zerkleinern. Die Gazpacho mit Salz, Pfeffer und Zucker abschmecken. Für etwa 4 Std. kühl stellen und vor dem Servieren mit Basilikum oder Koriander garnieren.

TIPP:
Füllen Sie die gut gekühlte Gazpacho in eine verschließbare Flasche und nehmen Sie sie für ein Picknick mit!

Nicole Ladrak: »Tomatensoep« (Tomatensuppe) – Textil – 30 x 30 cm

Mozzarella-Tomaten-Türmchen

Für 4 Personen – Zubereitungszeit: 30 Min.

- 4 vollreife Tomaten
- 2 Schalotten
- 1 Knoblauchzehe
- 4 Zweige Basilikum
- Salz & Pfeffer aus der Mühle
- 1 kräftiger Schuss gutes Olivenöl
- Saft von ½ Zitrone
- 2 Kugeln Mozzarella
- 130 g Thunfisch in Öl

Reichlich Wasser zum Kochen bringen. Tomaten oben über Kreuz einritzen, auf einem Schaumlöffel einzeln für 10 Sek. in das kochende Wasser halten und dann enthäuten. Tomaten halbieren, entkernen und fein würfeln. In einem Sieb abtropfen lassen. Schalotten und Knoblauch schälen und sehr fein hacken. Basilikum waschen, die Blätter abzupfen und sehr fein schneiden. Schalotten, Knoblauch, Basilikum, Salz, Pfeffer, Olivenöl und Zitronensaft in einer Schüssel gut vermischen.
Mozzarella in dünne Scheiben schneiden, Thunfisch abtropfen lassen und mit einer Gabel zerpflücken.

Mit Hilfe eines Kochrings (8 cm Ø) 4 Türmchen herstellen. Zuerst eine Schicht Tomaten einfüllen, dann eine Schicht Thunfisch, darüber etwas Schalottenmischung und einige Scheiben Mozzarella. Mozzarella salzen und pfeffern. Mit einer Schicht Tomaten abschließen.
Frisches Weißbrot dazu reichen.

TIPP:

Die letzte Tomatenschicht mit Balsamico beträufeln.

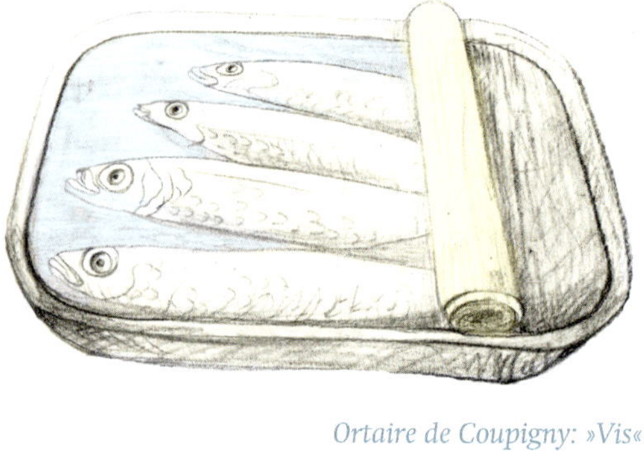

Ortaire de Coupigny: »Vis« (Fisch) – Mischtechnik in Sardinendosen – 8 x 10 cm

à
L'ANCIENNE

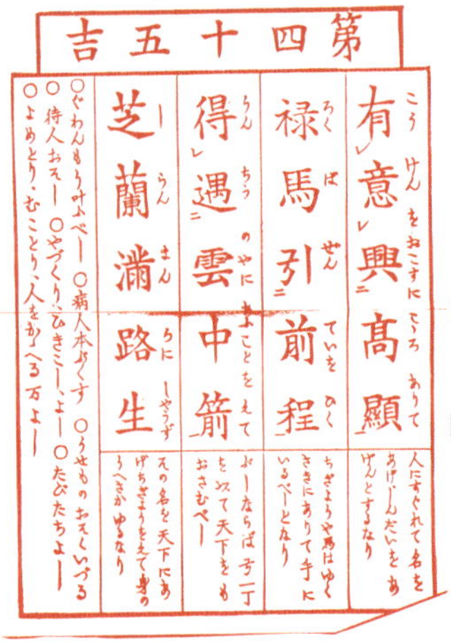

Californian Rolls

Für ca. 18 Stück – Zubereitungszeit: 1 Std.

250 g Sushireis
1 Schuss Reisessig
Salz & Pfeffer aus der Mühle
80 g Sesamsamen
100 g geräucherter Wildlachs
2 Frühlingszwiebeln
½ Salatgurke
½ reife Avocado
1 EL Wasabipaste
2 EL Mayonnaise
4 Noriblätter (Meeresalgen oder Seetang; aus dem Asienladen)
1 cm frische Ingwerwurzel
4 EL Sojasauce

Außerdem:
Sushimatte
Frischhaltefolie

Sushireis waschen und 30 Min. in 350 ml Wasser einweichen. Reis mitsamt Wasser zum Kochen bringen. Zugedeckt 10 bis 12 Min. bei geringer Hitze köcheln lassen, bis das gesamte Wasser aufgenommen wurde. Topf vom Herd nehmen und den Reis abkühlen lassen. In einer Schüssel mit Reisessig sowie Salz und Pfeffer nach Geschmack vermengen.
Sesamsamen in einer Pfanne ohne Fettzugabe goldbraun rösten, dann auf einen großen flachen Teller geben. Lachs in schmale Streifen schneiden. Frühlingszwiebeln (nur das Weiße) putzen und Gurke schälen. Avocadofruchtfleisch mit einem Teelöffel von der Schale lösen. Zwiebeln, Gurke und Avocado in schmale, ca. 6 cm lange Streifen schneiden. Wasabipaste mit Mayonnaise verrühren.

Ein Noriblatt mit der stumpfen Seite nach unten auf die Sushimatte legen und mit einer Schicht Reis bedecken. Das funktioniert am besten mit nassen Händen. Ein Stück Frischhaltefolie auf den Reis legen und gut andrücken. Das Ganze umdrehen. Etwa 1 cm vom Rand mit einem Löffel einen Streifen Wasabi-Mayonnaise der Länge nach auf den Reis geben. Darauf etwas Lachs, Frühlingszwiebeln, Gurke und Avocado legen. Mit Hilfe der Sushimatte und der Folie so straff wie möglich aufrollen. Insgesamt 4 Röllchen herstellen und diese in den Sesamsamen wälzen. 30 Min. ruhen lassen. Dann mit einem scharfen, nassen Messer in ca. 2 cm dicke Scheiben schneiden.

Ingwer schälen, fein reiben und in einem Schälchen mit der Sojasauce verrühren.

Californian Rolls auf einem schönen Teller servieren. Die Ingwer-Sojasauce zum Dippen dazu reichen.

Sophie Hove: »Japanese 6« (Japanerin 6) – Mischtechnik auf Karton – 12 x 12 cm

ーグと連携、広
個人種目で初の
スペイン領カリフォル
に苦しむ民衆は、救世主の登場を待
マスクでその素顔を隠し、黒いマ
者を懲らしめる伝説の騎士ゾロの
セラーとなった『怪傑ゾロ』がミュ
大会が閉幕
クーバー冬季
クで開かれたが
ダルは女子団体追

RRIERE DELLA SERA
Fondato nel 1876 www.corriere.it

Himbeer-Tiramisu

Für 4 Personen – Zubereitungszeit: 25 Min.; Kühlzeit: 4 Std.

- 500 g Himbeeren*
- 1 kräftiger Schuss Himbeerlikör
- 1 kräftiger Schuss Rum
- 4 Eier
- 75 g Zucker
- 1 Päckchen Vanillezucker
- 250 g Mascarpone
- 1 Päckchen Löffelbiskuits
- Puderzucker zum Bestäuben
- frische Minze zum Garnieren

Die Hälfte der Himbeeren mitsamt dem Himbeerlikör in einen Topf geben und bei geringer Hitze einige Min. köcheln lassen. Anschließend mit der gewölbten Seite eines Esslöffels durch ein Sieb streichen und einen guten Schuss Rum zufügen.

Eier trennen. Eiweiße steif schlagen. Eigelbe, Zucker und Vanillezucker in einer großen Schüssel 3 Min. lang schaumig schlagen. Dann Mascarpone gut untermengen. Eischnee behutsam unterziehen. Einige Löffelbiskuits in die Himbeersauce tauchen und den Boden einer rechteckigen Form damit auslegen.
Mit einer Schicht Mascarponemischung bedecken, diese mit einigen frischen Himbeeren belegen und darauf eine Lage himbeergetränkter Löffelbiskuits.
Schichtung noch einmal wiederholen, falls genügend Zutaten vorhanden sind, aber immer mit einer Mascarponeschicht abschließen. Darauf die letzten Himbeeren legen.

Tiramisu mindestens 4 Std. kühl stellen; wenn es schneller gehen soll, kurz in die Gefriertruhe geben. Am köstlichsten schmeckt das Tiramisu jedoch, wenn es über Nacht durchgezogen ist, daher macht man es am besten einen Tag vor dem Verzehr!
Kurz vor dem Servieren dick mit Puderzucker bestäuben und mit frischer Minze garnieren.

TIPP:
Ersetzen Sie den Himbeerlikör durch Himbeersirup und lassen Sie den Rum weg, wenn Sie keinen Alkohol verwenden möchten.

* frisch oder tiefgekühlt

Marie Godest: »Debut de soirée« (Beginn des Abends) – Mischtechnik auf Leinwand – 126 x 116 cm

Nussige Schokoladentorte – von Klaver 4

Für 8 Personen – Zubereitungszeit: 1 Std.; Backzeit: 1 Std.

Für den Teig:
225 g Mehl
2 EL Kakaopulver
1 Prise Salz
150 g kalte Butter
30 g feiner Zucker
1 Eigelb
1–2 EL kaltes Wasser
Butter für die Form

Für die Füllung:
250 g Bitterschokolade
150 g Sahne
120 ml Milch
1 EL löslicher Kaffee oder
1 Tasse starker Espresso
2 große Eier
2 EL Sherry

Für die Garnierung:
100 g weiße Schokolade
75 g Walnusskerne
75 g Bitterschokolade
75 g Mandelblättchen
1 Prise Salz

Mehl, Kakao und Salz in eine Schüssel sieben. Butter in Stücken zufügen und das Ganze mit den Fingerspitzen zu Krümeln verreiben. Zucker, Eigelb sowie Wasser dazugeben und die Krümel zu einem zähen Teig verkneten. Teig zur Kugel formen, in Frischhaltefolie einschlagen und 30 Min. im Kühlschrank ruhen lassen.

Den Backofen auf 190 °C (Umluft 170 °C) vorheizen.

Eine Springform (26 cm Ø) einfetten. Den Teig kreisförmig ausrollen und den Boden der Form damit belegen. Ein Stück Backpapier auf den Teig legen, die Form mit Trockenerbsen füllen und den Teig 15 Min. blindbacken. Form aus dem Ofen nehmen, Backpapier mitsamt Trockenerbsen entfernen und den Teigboden bei 180 °C (Umluft 160 °C) nochmals 10 Min. backen.

Für die Füllung Bitterschokolade zerbrechen und in eine Schüssel geben. Sahne, Milch und löslichen Kaffee oder Espresso in einem Topf zum Kochen bringen. Die Mischung über die Schokolade gießen und rühren, bis diese vollständig geschmolzen ist. Eier und Sherry gut verquirlen und zur Schokoladenmischung geben. Füllung auf dem Teigboden verteilen und die Torte bei 180 °C 20 bis 30 Min. backen, bis die Füllung fest ist. Torte auf einem Kuchengitter vollständig abkühlen lassen.

Weiße Schokolade fein, Walnusskerne und Bitterschokolade grob hacken. Walnüsse, Mandeln und Bitterschokolade mitsamt einer Prise Salz auf ein Backblech mit Backpapier geben. In den heißen Ofen schieben, bis die Schokolade geschmolzen ist. Nüsse und dunkle Schokolade vermengen. Die Mischung in der Mitte der Torte kreisförmig verteilen. Den freien Rand mit weißen Schokoladenraspeln bestreuen. Bis zum Servieren kühl stellen.

Marie Godest: »La jolie cuisinière« (Die hübsche Köchin) – Mischtechnik auf Leinwand – 160 x 60 cm

MG

Rezeptverzeichnis nach Gruppen

[V] = vegetarisches Gericht

Vorspeisen

Vorspeisen

Suppen

Beilagen

Rezeptverzeichnis nach Gruppen

Beilagen

Hauptgerichte

Hauptgerichte

Rezeptverzeichnis nach Gruppen

Hauptgerichte

Hauptgerichte

Rezeptverzeichnis nach Gruppen

Desserts

Torten & Gebäck

Rezeptverzeichnis nach Gruppen

Torten & Gebäck

Picknick

Alphabetisches Rezeptregister

2011 -08- 01
2011 -08- 03

ARTACASA
WWW.ARTACASA.NL
kerkstraat 411 • 1017 hx amsterdam
020 6393213 • 06 50612322
artacasa@artacasa.nl

Die Galerie

Kunst sollte ein Fest sein, genau wie Essen!

Galerie ARTACASA

Im Zentrum von Amsterdam, fußläufig von Rembrandtplein, Carré und der Magere Brug befindet sich die Galerie Artacasa in einem typischen Amsterdamer Ladenlokal. Die Galerie ist nicht zu verfehlen – das knallrote Fahrrad vor der Tür ist kaum zu übersehen.
Alle sechs Wochen gibt es eine neue Ausstellung mit Schwerpunkt auf gegenständlicher Malerei und Objekten. Im Kellergeschoss sind immer die neusten Werke aller Künstler der Galerie in verschiedenen Formaten und Preisklassen zu finden. Perfekt für einzigartige Geschenke und ideal, um die kahlen Wände im eigenen Haus zu schmücken.

ARTACASA ist eine Galerie, die man gerne betritt und mit einem positiven Gefühl wieder verlässt.

ARTACASA

Kerkstraat 411
1017 HX Amsterdam
0031 020 63 93 213
artacasa@artacasa.nl
www.artacasa.nl

Öffnungszeiten:
Do/Fr/Sa von 13.00 bis 18.00 Uhr und nach Absprache

Danksagung

Auch beim dritten Kunstkochbuch unserer Reihe ARTE IN CUCINA – Unterwegs mit Artacasa – bedanken wir uns bei allen, die uns inspiriert, geholfen und unterstützt haben.

Wiebke van der Scheer und Magré Mijer

Copyright © 2012 Wiebke van der Scheer
Gestaltung: Magré Mijer
Fotografie und Text: Wiebke van der Scheer
Umschlagvorderseite: Marie Godest: *L'oeuf* (Das Ei)
Illustrationen Vorsatz, Inhaltsverzeichnis, Vorwort, Informationsseite, Impressum & Umschlagrückseite: Andrea Letterie

Für die deutsche Ausgabe
Copyright © 2013 Gerstenberg Verlag, Hildesheim
Alle Rechte vorbehalten.
Aus dem Niederländischen von Verena Kiefer
Satz: typocepta, Köln
Druck und Bindung: TBB, a.s., Banská Bystica
Printed in the Slovak Republic

www.gerstenberg-verlag.de

ISBN 978-3-8369-2762-8